低《ひく》み

ライムスター宇《う》多《た》丸《まる》も唸《うな》った

人《じん》生《せい》を変《か》える最《さい》強《きょう》の「自《じ》己《こ》低《てい》発《はつ》」

低《ひく》み

TBSラジオ
「ライムスター宇多丸のウィークエンド・シャッフル」&
「アフター6ジャンクション」編

イースト・プレス

「低《ひく》み」とはなにか

まえがき

古川 耕

まず、**「意識高い系」**とはいったいどういう人たちのことを言うのでしょうか。

自分磨きの勉学や研鑽《けんさん》に余念がない人、健康や自然環境を気にかけてヘルシーな生活を送る人、好奇心旺盛で人脈づくりに積極的な人……という**理想像に憧れ、その上澄みだけを模倣する**ような人々が、揶揄《やゆ》のニュアンスを込めてそう呼ばれているようです。要するに、自意識過剰のかっこつけたがりで鼻持ちならないヤツ、といったところでしょうか。

それに対して、本書が提案する**「低み」**な人たちはどうでしょう？

節約のために納豆のネバネバでひげ剃《そ》りをする者。「もったいないから」の一点でカップラーメンの残り汁をシェアする先輩と後輩。世間体などどこ吹く風と、日高屋で婚姻届を書くカップル。グルグルのガムテープで補修した靴を足に「巻き」続ける大学時代の友人……。

衛生観念や常識をいとも簡単に飛び越え、**当人だけの最適解**に真っすぐ突き進む姿には自意識のかけらも感じられず、ある種の痛快ささえあります。彼や彼女はただの低きに流れた水ではなく、低きに向かって淀《よど》みなく辿《たど》り着いた**純度の高い精製水**なのです。

また、意識高い系のロールモデルが案外紋切り型の人物像に収斂《しゅうれん》していくのに対し、意識低い系の完成形はオリジナリティに富んでいます。「この世にこんな種類の低さがあったのか！」と想像の埒外《らちがい》を突きつけられ、感嘆と戦慄が同時に押し寄せるでしょう。「人間、下には下がいるものだ」などと安心させてくれさえしません。単にちょっとだらしないぐらいでは「低み」という「高み」には到達できないのです。

なにかが突き抜けている、なにかが冴《さ》え渡っている。ダメなのは大前提として、しかしたしかにそこには否定できないチャームがある。それが低みであり、その最良の見本市が本書なのです。

この本はＴＢＳラジオで放送されていた「ライムスター宇多丸のウィークエンド・シャッフル」で２０１７年１月からおよそ１年間にわたって放送されていた投稿コーナー「低み」で紹介した文書と、その投稿についてライムスター宇多丸・構成作家古川が話したコメントを書籍用に編集・再構成したものです。

特集としても放送し、そこに出席していたエッセイストでイラストレーターのしまおまほさん、アーティストの三浦大知さんのコメントも併せて収録してあります。編集を担当した秋山直斗氏の手腕により、ビジネス系自己啓発書を思わせる、まさに**低みを体現する本**に仕上がりましたが、こんな**リスキーなブツ**に帯コメントまで寄せてくれた大知さんには感謝の言葉もありません。彼は低みも解する最高に高い人間です。本当にありがとうございました。

生放送中、メールの読み手である宇多丸さんが途中で噴き出して、メールの続きを読めないことがしばしばありました。声が出せないくらい笑ってしまう。それってなんと得がたい貴重な時間なんでしょう。本書があなたにそのようなひと時を提供できれば、と願っています。

それではようこそ、低みの世界へ！

HIKUMI MOKUJI

SECTION 03
[エコロジー・ハック]
ECOLOGY HACK

SECTION 04 [リアルライフ・マネジメント]
REAL LIFE MANAGEMENT

アフター6ジャンクション
TBSラジオで毎週月～金曜日の18:00-21:00に
放送されているカルチャーキュレーション・プログラム。
通称「アトロク」。

ライムスター宇多丸のウィークエンド・シャッフル
2007年4月7日から2018年3月31日まで
TBSラジオで毎週土曜日22:00-24:00に放送されていた
人気ラジオ番組。通称「タマフル」。

PROFILE

宇多丸（ライムスター）▶▶▶ 1969年、東京都生まれ。大学在学中からヒップホップ・グループ「ライムスター」を結成。日本のヒップホップ黎明期よりシーンを牽引し、いまだに第一線で活躍を続けている。映画評やアイドル評もこなし、またラジオDJとして「タマフル」「アトロク」のパーソナリティも務める。

古川 耕▶▶▶ 1973年、神奈川県生まれ。ライターとしてヒップホップ専門誌やアニメ、コミック関連の書籍、文房具関係の記事を多数執筆。2007年より宇多丸から「オレの高田文夫になってくれ」とのオファーを受け、ラジオの構成作家の道に。現在は「アトロク」のメイン構成作家を担当している。

三浦大知▶▶▶ 1987年、沖縄県生まれ。Folderのメインボーカルとして 1997年にデビュー。2005年にソロ・デビュー。天性の歌声とリズム感、抜群の歌唱力と世界水準のダンスで人々を魅了し、コレオグラフやソングライティング、楽器も操るスーパーエンターテイナー。そして「タマフル」「アトロク」のスーパーリスナーでもある。

しまおまほ▶▶▶ 1978年、東京都生まれ。エッセイスト。『マイ・リトル・世田谷』など著作は多数。「アトロク」では、番組の意識向上のため、各界の有識者を招いて有益なアドバイスをもらうコーナー、「ザ・コンサルタント」に毎週火曜日に出演している。自称「90年代のミューズ」。

SECTION 01

[マインド・ロウネス]

MIND LOWNESS

時代はマインド・フルネスからマインド・ロウネスへ――。
地面に額を擦りつけるほどの低さから見えてくる新たな景色、発想、
そして自由とは？　純度100%のピュアな「低み」が、ここにある。

01

一生《いっしょう》、電車賃《でんしゃちん》がかからなくなる方法《ほうほう》

（T君・その1）

私の大学時代の友人の**T君の話です。**彼は別に家が貧乏というわけでもないのに、極度の倹約家で、外食はいっさいせず、家で握ったおにぎりを毎日食べて、居酒屋に連れて行っても水しか飲まず、**おにぎりを取り出して店員さんに怒られているような男でした。**

当然服もダサく、大学1年でT君と初めて会ったとき、彼はどこで買ったかわからないような、**苔《こけ》のような緑と、酸化した10円玉のような青のストライプ**のシャツを着ており、そのシャツの胸には下半身が魚の人間をかたどった、ポロ ラルフローレン風の刺繍《ししゅう》が入っていました。

とくに異様だったのは靴で、雑貨屋で1200円で売っていたVANSのスリッポンのニセモノを穴が開いても履き続け、布部分と靴底のゴムの部分

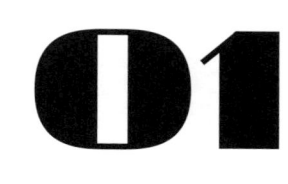

が剥がれたらガムテープで補修し、ガムテープに穴が開いたらその上からガムテープを貼り、大学3年の時点でT君が履いていたのは、**靴ではなくガムテープの塊でした。**一般的に靴は履くものだと思っていましたが、彼は**靴を巻く、もしくは靴を貼る**と言っていました。

そんなある日、T君は大きな買い物をしました。それは2万円ほどのママチャリで、T君は**「これで一生、電車賃かからないぜ!!」**とはしゃいでいました。自転車を手に入れたことがよっぽどうれしかったのか、T君は僕に初めて「ラーメン食いに行こうぜ、おごってやるよ」と誘ってきました。僕は原付で、T君は自転車で、大学から2駅ほど離れた、うまいと評判のラーメン屋さんに向かいました。

あと3、400メートルでラーメン屋というところで、T君が自転車のスピードを上げ、**「店が定休日じゃないかどうか見てくる!! おまえはゆっくり来い!!」**と、自転車の性能を見せびらかすように僕を追い抜いていきました。

T君が、すさまじい速度でペダルをこぎながら、猛スピードでラーメン屋に近づき、そのスピード感を保ったまま自転車から飛び降りようとしたそのとき、T君の足と、ペダルと、T君の足にへばりついていたガムテープが渾《こん》然《ぜん》一体に絡まり合い、T君はバランスを崩し、**「なあああ!!」**と叫びながら盛大に地面に叩《たた》きつけられました。

自転車は、多分一番大事な部分のパイプがひん曲がり、大規模な知恵の輪のようでした。

すりむいた以外は大きな怪我《けが》のなかった、半泣きというか全泣きのT君と、とりあえずラーメンだけは食べようと店に入りました。券売機を前にしたT君は、耳を疑うような言葉を口にしました。

「おごってくれてもよくない?」

人間の「低み」を垣間《かいま》見《み》た瞬間です。ラーメンはおごりました。

ちなみにT君は現在、富山県で自給自足の生活をしながら書道家として生活しています。

（チャリツナマヨネーズ）

宇多丸　低っくい！　度を越したケチってのは、フロンティアかもしれないね。ヤバい「低み」という金塊が埋まっていますよ。

古川耕（以下、古川）ママチャリを買ったときの**「これで一生、電車賃かからないぜ」**なんてセリフ、なかなか言えないですよ。

宇多丸　「居酒屋に行っても水しか飲まず、おにぎりを取り出す」とか普通できないよね。

古川　でも、これはダメでしょ。お店に行ったら何かしら頼まないと。

宇多丸　やっぱり「穴が開いたらガムテープを貼り、最終的には靴は履くものではなく、**巻く、もしくは貼るもの**になっていた」ってくだりが素晴らしいですね。

古川　でもT君って、本当に低いんでしょうか？

宇多丸　むしろ「高み」？

古川　ですよね。ここまで低い行為を追求するのは、なかなかできないですよ。

宇多丸　ある種の求道者だもんね。

古川　独自性もあるし、そこはかとなく精神性の高ささえ感じるじゃないですか。

宇多丸　最後のひとことなんて、並の人間は言い放てないですよ。「おごってくれてもよくない？」って。まさかの。

古川　これはT君にしか言えないですよ。素晴らしいです（古川註：その後、インターネットで「富山」「書道家」「自給自足」など様々な語句で検索してみたのですが、T君らしき人は見つけられませんでした）。

02

ミニ四駆《よんく》で努力《どりょく》を学《まな》べ（T君・その2）

僕の大学時代の友人の**T君の話です**。当時、僕は同じサークルに所属していた何人かでよくつるんでおり、その中にT君もいたのですが、ある日、話の流れで、子どものころにやっていたミニ四駆をもう一度やってみようということになりました。

T君は、「いや、ミニ四駆なんか別に興味ないよ。**それより川で泳ごうぜ**」と言っていましたが、そのときが10月だったこともあり意見は却下され、T君も含めた4人で、週末にミニ四駆を買おうということになりました。

昼の2時に集合だったのですが、T君は20分ほど遅れてきました。遅刻を責めるとT君は、「2時集合と言われた場合、**2時59分まではセーフ**」という謎のライフハックを披露しました。そのあと、みんなで駅前のおもちゃ屋さんに向かいました。

T君の靴は穴の開いた箇所をガムテープで補修しまくっており、**もはや靴っぽいガムテープ**といった様相で、歩くたびにバリバリと粘着的な音が鳴り、古びたおもちゃ屋さんの床が、**T君が歩いたところだけきれい**になっていきました。

友人たちは最新のミニ四駆を物色し、僕はその中から「アバンテRS」という機種を購入しました。T君はおもちゃ屋さんの床がピカピカになるほど吟味した挙げ句、奥のほうでほこりをかぶり、ひときわ安い値段で投げ売られていた、何世代も前のミニ四駆、「太陽」を手に取りました。

そのあと、ミニ四駆を組み立て、友人のひとりが事前に実家から持ってきてくれていたミニ四駆のコースを大学のグラウンドの片隅に設置しました。先にコースを5周したほうの勝ちというルールでしたが、T君は当然1勝もできず、悔しそうな顔で、「あー、失敗した。**少しバランスを取りすぎたわ**」と、不思議な言い訳をしていました。

3週間後、僕たちはT君から再戦を申し込まれました。指定の時間にグラウンドに行くと、T君はコースの横で、ミニ四駆を持って**おにぎり**を食べていました。彼の持っていたミニ四駆を見ると太陽のおもかげはなく、おそらく軽量化のためにボディは削られまくって廃車寸前といったおもむきでした。

よく見ると、ドケチのくせに、その太陽には当時最新のパーツが無理やり積まれており、魔改造によるアンバランスなフォルムは、ミニ四駆というよりは**壊れたデジカメ**のようでしたが、車体には達筆な文字で**「デス・スター」**と書かれていました。

早速勝負ということになり、僕のアバンテRSとT君のデス・スターを走らせることになりました。

3、2、1でコースをスタートした瞬間、僕たちは目を疑いました。T君のデス・スターは、目で追えないほどの速さでコースを疾走し、僕のアバンテRSを大きく引き離したのです。

驚きの声のなか、デス・スターは、そのあまりの速さで、3周目の大きなカーブを曲がり切れずに脱線し、悠々と空を舞い、そのままグラウンドの茂みの中に突っ込んでいきました。

茂みから、ギャリギャリギャリギャリというデス・スターの断末魔が聞こえるなか、T君はニヤッと笑ってひとこと呟《つぶや》きました。

「努力」

絶対勝ってないのに、なぜか満足げなT君のその表情に、**「来年就活なのに、こいつ何やってんだ」**と戦慄し、人間の「低み」を垣間見ました。

（チャリツナマヨネーズ）

宇多丸　太陽を魔改造して「デス・スター」って、どうなっちゃってんだろう。

古川　**壊れたデジカメみたいな見た目**って書いてあるけど、まったく想像できませんからね。

宇多丸　やっぱT君のエピソードはどれを聞いてもパンチがあるね。もはや低いとかの次元を通り越して、よくわかんない感じになってくる。

古川　宇多丸さん。このT君が、現在、どうなっているか気になりませんか？

宇多丸　書道家じゃなかったっけ？

古川　そう。書道家の彼が、どんなふうに暮らしているのか。低いのか、低くないのか。

宇多丸　そりゃ気になるよ！　相変わらずガムテープを足に巻いて暮らしているのかも知りたいし。

古川　そういった最新の情報も、実はもらっているんですよ。

03

Wi《ワイ》-Fi《ファイ》はフリーミアム
（T君・その3）

僕の学生時代の友人、T君のエピソードを読んでいただいてありがとうございました。偶然その放送を聞いていたT君と僕の共通の友人が、**ガムテープを履いていたT君**というキーワードでピンときて本人に連絡したらしく、放送から何日かしてT君から、LINEで電話がかかってきました。

投稿したのは自分であることと、T君の話を無断で投稿した旨を詫《わ》びると、T君はあっけらかんとした口調で、**「気にすんなよ、全然いいんだよ!!」**と言ってくれました。T君との通話中、なぜか声が終始遠く、僕が「いまどこにいるの？　声、遠くない？」と尋ねると、T君は「あー、これスマホじゃなくてタブレットなんだ。音が出るところと音を拾うところが離れているから、声が遠いんだろうな」と答えました。

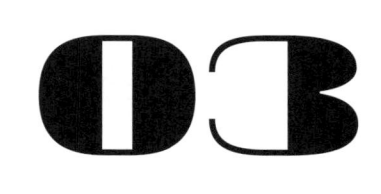

聞くとT君は、携帯代をケチって固定電話のみで生活していたところ、書道教室で教えている生徒の親御さんから、いらなくなった韓国製のタブレットをもらい、それを使っているとのことでした。そのタブレットは電話もメールもできないけどLINEは使えるそうで、**無料のWi-Fiを飛ばしている喫茶店の壁に張りついて、**電波を借りて電話をしているとのことでした。

ちなみに、30歳を超えたあたりで突如ありえないくらいに肌がかぶれ始め、もうガムテープは履いていないとのことです。いまはクロックスを履いているようで、T君は電話中しきりに**「クロックスって、あったかいな!!」**と連呼していました。

大学を卒業して10年近くたちますが、相変わらずT君は低かったです。

（チャリツナマヨネーズ）

宇多丸　やっぱりT君の家に、Wi-Fiなんてものないよね。いまどきのSNSなんていっさいやらず、田舎で書道教室をやっているのは、普通にかっこいいよね。

古川　ちゃんと生活されていて安心しますね。

宇多丸　生徒もいて、食えているわけですから偉いですよ。可処分所得でクロックスなんかも買っているんですしね。そこらで売っているニセモノかもしれませんけど。

古川　でも、「あったかいな〜!」って何度も言って喜ぶくらい、**クロックスって暖かいものでしたっけ?**

宇多丸　そこですよ。**クロックスを暖かいと思ったことはないよね。**

古川　むしろ、穴とか開いていて通気性がいい印象が強いです。

宇多丸　T君がクロックスだと思っているもの、**絶対クロックスじゃないよ。**

04

形見《かたみ》は迷《まよ》わず売《う》りなさい

大学時代、私が所属するジャズ研にSという後輩がいました。Sは『そこのみにて光輝く』の菅田将暉《すだまさき》さんを潰してゴリラを足した、**イヌゴリラのような風貌の男**で、ドラマーとしての腕はいいのですが、週3日のバイトですら**「馬車馬のように働かされた！」**と泣きながら辞めてしまうほどの根性なしのため、万年金欠でいつもボロ切れのような服を身にまとい、人の残った弁当を貪り食ったりしていて、飲み会は**鳥貴族以外行かない**と豪語していました。

あるとき、いつもより大きめのイベントでライブをやる機会があり、メンバーで打ち上げをすることになりました。

するとSはしきりに「先輩、この辺に大黒屋ありませんかねぇ？」と私に尋ねてくるのです。

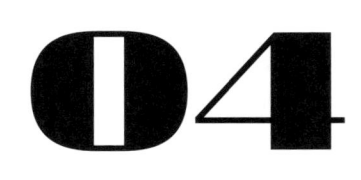

「（ウソだろ!?　こいつ、自分のボロ売って打ち上げに来る気か!?　てか、大黒屋なんて普段行かねーし、知らねーよ）」と思ったのですが、街を徘徊《はいかい》すること数十分、大黒屋を発見したSは、おもむろに自分のボロ切れをいじり始め、どこからか、子どもの歯ぐらいの大きさの**金色のツブテ**を出してきました（『もののけ姫』の序盤でアシタカがお米と交換してた、あの金のツブテと同じようなものです）。

それは何か？　と問うと**「へへへ、この前ジイさんが死んで、その形見っすわｗｗｗ」**と言いながらニカッと笑い、大黒屋へと消えていきました。

しばらくして、ホクホク顔で戻ってきたSは、**「ジイさんの形見、７０００円になりました！　打ち上げはパーッとトリキ（鳥貴族）行きましょう！」**と満面の笑みで鳥貴族へ入っていきました。祖父の形見を目先の酒代に迷いなく換えてしまうSに「低み」を感じました。

ちなみにSは大学卒業後、バンドマンとして夢を追っていましたが、いまはクレジットカードの営業をしています。

このままずーっとイヌゴリラのままでいてほしいと思っています。

（サックス兄さん）

宇多丸　「今日は打ち上げあるな」って、ジイさんの金歯を持ってきたってことか。そもそも、形見で金歯をもらうか？

古川　文面には「金歯」とは書いてないけど、でもこれ確実に金歯ですよね。

宇多丸　金のツブテでしょ？　延べ棒でも金貨でもないんだったら、金歯以外考えづらいよね。

古川　７０００円って価格は、やっぱ金歯だからってことなのかな。純金だったらもうちょっと高そうじゃん？

宇多丸　もし金歯だとしたらいつ抜くの？　ジイさんが「あー死んじゃった……」ってときに、「ちょっと失礼しまーす」って、ペンチを持ってきて歯を抜くの？　落語かよ！

古川　江戸時代ですかね。ていうか、イヌゴリラ君のセリフがいちいち**昔話の登場人物**っぽいんですよね

宇多丸　そういう感じだよね。もしかすると、イヌゴリラ君が、家族が見てないところで、こっそりグイッと抜いたんじゃないの？　それは置いといて、とりあえずこれは、確実に低いですね。

古川　低いですね。

宇多丸　まず見た目の描写が、いちいち低いもん。人が残した弁当を貪ったり、ボロ切れを着たりしていて、挙げ句、名前が**イヌゴリラ**でしょ。それにしても鳥貴族はすごいですね。こういう低い人でも宴会を開けるようにしてあげる救済力は。

古川　しかもトリキはおいしいですからね。ありがたいことです。

05

知識《ちしき》と理論《りろん》が行動《こうどう》を生《う》む

九州の田舎にあった実家では、夕方になるとどこからかコウモリが侵入し、家の中を飛び回るという被害にあっていました。

その実家より、さらに田舎で幼少期を過ごしていた父は、**コウモリ退治においてオレの右に出るものはいない**と自信満々。父によると、コウモリはエアコンの室外機の隙間から侵入してくる。そして、コウモリは超音波を頼りに飛ぶ。ということは、外部から強い超音波を当てられると、混乱して逃げていくのさ、とのこと。

え、そんなものなの？　という疑問を投げる間もなく、父は、だからこうすればいいんだ！　と、やおらイスの上に飛び乗り、リビングのエアコンに向かって、大きな甲高い声で、

「ピュアアアアッ！　ピュアアアアッ！　ピュルルラァァァァッ！」

と叫び始めました。
みんなも一緒にやりなさいと家族に言う父。頭がおかしくなったのか、と呆《あき》れる母。**イヤなものを見る目で無視する姉。**僕は、困惑しながらも、謎知識と謎理論から珍行動を取る父に対して、育ててもらった実の父に抱いてはいけない感情、「低み」を感じてしまいました。
小一時間、エアコンに向かってピューピュー言っていた父の努力も虚しく、その後もコウモリは普通に出現。後日、屋根裏にあった穴を塞いだところ、コウモリは出なくなりました。

（イェンスカイ）

宇多丸　お父さんは「コウモリ退治においてオレの右に出るものはない」って言っているくらいだから、奇声を上げる追い出し方で実績はあるのかな？　ナウシカが王蟲《おうむ》を笛で落ち着かせるみたいなことだよね。

古川 僕も完全に、トゥルルーって鳴る虫笛をイメージしました。

宇多丸 エアコンの機械に向かって、その……超音波ですか？ 出せるもん？

古川 人間は超音波出せないと思いますけどね。

宇多丸 普通そうだよね。オレたち超音波を出せるか、ちょっと試してみる？ ピャアアア〜〜！

古川 **まず人間が逃げていきますよ。**

宇多丸 だね。これ、親がやっているのは結構キツイね。というか両親の「低み」ってイヤだよね。

古川 一番見たくないやつですよ。

宇多丸 親の、人としてアレなところを目の当たりにするのはキツイなー。

06

犬《いぬ》と人間《にんげん》の幸福《こうふく》な関係《かんけい》

高校時代の友達Y君についてです。

夏休みのある日、Y君の家に遊びに行くと昼ごはんをごちそうになりました。食べ終えて、どこか遊びに行こうかと話しながら外に出ました。Y君の家は犬を飼っています。とても人懐っこい、かわいい犬です。

私がその犬をなでていると、Y君が口をもぞもぞと動かし始めました。何？　と思っているとY君は指を口に突っ込みました。その動きから察するに、さっきの食事のカスを取っているようです。私が驚いていると、なんとその指を犬に差し出しました。

「な、何やってんの？」

「唾液がついた餌をやることで**犬との信頼関係**をつくっているんだよ」

意味不明のことを言うY君。

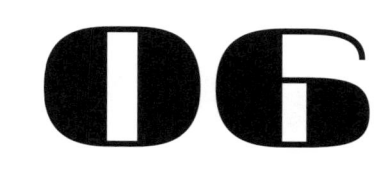

うれしそうに指を舐《な》める犬。
私が唖然《あぜん》としていると、「一度舐めさせた指は使わないよ。何かの菌が伝《う》染《つ》るかもしれないからね」と言って、さっきとは逆の手を口に入れて食べカスを取り、また犬に与えます。
最後に**「大丈夫。昼メシに玉ねぎは入ってないから」**と言いました。どうやらY君なりの筋の通った理屈があるようです。

（みやっち）

宇多丸　まあ、犬は口周りとか舐めたがりがちですけどね。

古川　だからといって、口の中のカスを取って、犬に食べさせるというのはなかなか抵抗感がありますけどね。

宇多丸　ツバを交換することで信頼関係になるっていうと、犬を飼っている人は、犬とよくチューしているじゃないですか。あれ、いろいろ病気に感染して危ないらしいね。

古川　犬の口の中なんて、雑菌とか半端じゃないでしょうからね。

宇多丸　動物とキスするのはよくないから、一方的に人間の唾液をあげるというのは、たしかに衛生的かもね。

古川　Y君も、使った指では食事はしないと言っていますからね。

宇多丸　でもさ、犬からの唾液は雑菌云々《うんぬん》言うけど、犬だって人間の唾液もらって病気になったりするんじゃないの？

古川　人間側の雑菌からの感染ね。

宇多丸　人間だって雑菌、絶対あるでしょ！　むしろ人間のほうが、雑多なもの触っていますからね。

古川　食べ物をあげるのはいいとしても、必然的に歯クソもくっついてくるのが問題ですね。

宇多丸　まだ生々しいタイプの歯クソは絶対に混じっているもんね。

古川　まだギリ食べられるタイプの。

宇多丸　まだ食べ物に比較的近いタイプの。あー、ちょっと失礼……。

古川　なんですか？

宇多丸　本当に低いことが頭に浮かんだんで言いますよ。爪楊枝《つまようじ》とかで取れた、生々しいタイプの歯クソ……**食べるよね？**

古川　え？

宇多丸　捨てるの？　食べないの？　捨てるのも行儀悪いと思うんですよ。

古川　たしかにその辺にポイッと捨てるよりは上品かもしれませんが。

宇多丸　じゃあ、**食べるのが正常ってことでいいよね。**オレね、歳取って歯茎が弱ってきたからか、歯間に食べ物が挟まりやすくなったんですよ。そうすると、2倍、3倍、食べたあとの楽しみが増えましたね。

古川　もはやデザートというわけですね。

07

アメリカの一流《いちりゅう》釣《つ》り師《し》に学《まな》ぶ、究極《きゅうきょく》のフィッシング

数年前のある日、なんの気なしにケーブルテレビでアメリカの釣り番組を見ていたときのことです。

それはたしか、結構な大きさのサメを釣るという内容でした。

クルーズ船のようなボートでアメリカ人の釣り師（漁師ではない）が、早速竿《さお》にかかった結構な大きさのサメと格闘することしばし、とうとう力尽きたサメがゆっくりボート際まで巻き取られていきました。

すると突然、そばにいたレポーターが当たり前のように、**「やはりこういう場合は撃つんですかね？」**と釣り師に質問。「うつ？　うつって、まさか……!?」と思っていると、釣り師はやはり当たり前のように、**「はい、撃ちます」**と言うなり、結構な口径の銃（リボルバーだったと思います）をどこ

からかスチャッと取り出し、サメの脳天めがけて躊躇《ちゅうちょ》なく**ドンッ**と1発ぶちかましたのです！

特撮ものとかでよく見る爆発前の怪獣のように、確実に何かが抜けてしまったサメの身体は、ゆらり、と仰向けに……。

さすがアメリカ！　魚類にも銃!?

まあ、ほかの捕獲方法でも殺すことに変わりはないし、銃のほうが苦しませず逝かせられるのかもしれませんが、まるでマフィア映画の処刑シーンを見せられたようで、いまだにその光景が忘れられません。

（アイアムダディッツ）

宇多丸　こんな身もフタもないというか、雑な釣りのしかたがあるんですね。

古川　結構やっているみたいですよ。僕もこれ、見たことありますもん。

宇多丸　でもたしかに、食肉用に牛や豚を殺すときって、できるだけ苦しまないように、脳天にボルトをドーン！　と打ち込むんだよね。それと同じで、安楽死というか、比較的苦しみを与えないって意味では正しいっちゃ正しいよね。

古川　ただ釣りという行為の締めくくりが銃っていうのが……。釣りってやっぱり、魚が釣れるまで気長に待つ、のどかなレジャーって感じがするじゃないですか。

宇多丸　いきなり銃を持ち出されるとね。いかなる手段でも魚を捕まえられればいいのか、というところに低さを見出してしまいますね。

08

隣《となり》の席《せき》のカップルが日高屋《ひだかや》の店内《てんない》で婚姻届《こんいんとどけ》を書《か》いていました。

（豆腐小僧）

宇多丸　いいじゃねぇか、別に。

古川　いくらなんでもリラックスしすぎじゃない？

宇多丸　まあ、たしかにそうだけどさ。でもオレね、この感じでひとつ思い出したの。すごくいい例としてあげるけど、マイケル・マン氏監督、ジェームズ・カーン主演の『ザ・クラッカー　真夜中のアウトロー』ね。男がプロの泥棒でさ、ようやくカタギに戻ろうかって、そのときつきあっていた女の人と、深夜のダイナーみたいなところで子どもの名前を決めるんですよ。どうってことない、**どうでもいい場所に人生で一番美しい瞬間がある**……みたいなことは、とてもいいじゃないですか。オレはこの映画を思い出しましたよ。だからこの日高屋にいた人たちは、**日本のマイケル・マンと言っても過言ではない。**

古川　過言だと思いますよ。まあでも、この光景、見かけたらちょっといいよね。

宇多丸　低くない低くない。婚姻届にラーメンの汁とかがついたりとかしたら、若干低くはなるかもしれないけど。

09

耳掃除《みみそうじ》のパラダイムシフト

私は「耳かき」が好きです。暇さえあればポリポリほじっています。今回紹介する「低み」話は、私が小学生のころの話です。当時の私は暇だったので毎日耳をかいていました。1日10分ポリポリしていました。

最初は耳垢《みみあか》を貯金していたのですが、耳かき衝動は抑えられず、耳垢がないのに耳掃除をするようになりました。耳垢が取れない耳掃除はつまらない。ある日そう思った私は耳垢に代わるものをほじることにしました。

それは「爪」です。**爪切りで処理したものをドンドン耳に流し込みました。**小学生だった私でも、耳に爪を入れることの危険性は理解していました。**ですが、そのスリリング性が逆に私を夢中にさせました。**さながら海底のトレジャーハントです。

ですが、綿棒ではすべての爪をサルベージし切れず、結局、耳鼻科で治療を受けることになりました（母親に説明するのが恥ずかしかったので、**寝ている間に爪が耳に入ったという言い訳をしました**）。

いまでは恐ろしくてできませんが、耳垢を見るたびに思い返してしまう体験です。

（オーゼキ）

宇多丸　耳の中に爪を入れるのにはドン引きですけど、気持ちはわかりますね。オレも学生時代、退屈な授業中に、耳をほじりすぎて血が出ちゃったとか、よくやったんですよ。シーブリーズをつけた綿棒を耳の中に突っ込むなんて、デンジャラスなこともやったもんですよ。ちょっと痛いんだけど、それが逆に**「エクスタシィ〜！」**って感じで。もう暇すぎて、とにかくやることないからね。

古川　授業中なんだから勉強しろってことなんだけどね。

宇多丸　そんな正論を言われたって、つまらないものはつまらないわけじゃないですか。だから、耳をほじったり、歯クソをほじったり、あらゆるものほじってましたよ。でも、これは。爪って。

古川　爪は絶対に危ないですよ。

宇多丸　汚いしね。尖《とが》っているしね。

古川　でも、よく思いつきましたね。耳にほじるものがないから、**ほじるものを自分で埋めようというのは。**

宇多丸　そもそもさ、耳垢を取る快感っていうのはさ、**耳からものを取り出すから気持ちがいいってことじゃないよね。**耳にこびりついていた垢がゴッソリ取れるのが気持ちいいわけじゃないですか。

古川　汚れを取ってきれいになるから、カタルシスがあるわけだよね。

宇多丸　理想を言えば、耳の穴の形にほぼ近いような耳垢の塊がギョロリと取れるのがうれしいのよ。

古川　化石の発掘みたいな感じでね。

宇多丸　だから、マッチポンプ的に入れた爪を取り出したところで、そんなに喜べないじゃないですか。

古川　宇多丸さんは耳垢を取るのに、ピンセット使うタイプですか？

宇多丸　ピンセット!?　危ないでしょ。

古川　普通の耳かきって、スプーン状になっているじゃないですか。でも耳垢が必ずしも、スプーンタイプでかき出せる形とは限らないじゃないですか。そういうときは、ピンセットで摘んでゆっくり引き抜くと、**ドッサリしたやつがゴソッとつまめたりできますよ。**

宇多丸　尖ったものを耳の中に入れるのは絶対によくないって。カーク矢野さんっていう、ライムスターでもお世話になった有名なエンジニアの人は、綿棒すら危ないからって使わなかったですからね。アメリカには、液体で耳垢を掃除するイヤークリーナーってのがあって、彼はそれで掃除してましたよ。

古川　日本人は耳掃除しすぎだって話もありますからね。

宇多丸　耳垢は放っておけば勝手に出てくるから、耳掃除なんてしなくてもいいらしいしね。

古川　ノーメンテナンスはさすがに不潔な感じがしますけどね。

宇多丸　まあね。耳に爪を入れるってので思い出したけど、オレも子どものころ、**鼻の穴に節分の豆を入れたことがありましたよ。**そしたら豆を入れたはいいけど、鼻の穴から出なくなっちゃって。すぐに耳鼻科に連れて行かれて、無事取り出せはしたんですけど。それ以来、耳鼻科の先生からは、**「ジャック」って呼ばれるようになりました。**

古川　気の利いた先生だね。

10

ジェントルマンに学《まな》ぶ、かっこいい文章《ぶんしょう》の書《か》き方《かた》

祖父が大好きでした。

そんな祖父が突然亡くなりました。80代でも、情熱的なルンバを、華麗なステップでダンシングする祖父でした。庭で練習している祖父を眺めていたら「やるか？」と、私の手を取り、一からステップを教えてくれたな〜。

そんな憧れの祖父の遺品を整理していたら、日記を兼ねた手帳が出てきたんです。背筋がピンとしていた祖父の日記。どんなかっこいい文章が書いてあるのかと見てみたら……。

なんと、道ならぬ恋の予定表と、**グンニャグニャなバカみたいな文章のカス日記。**

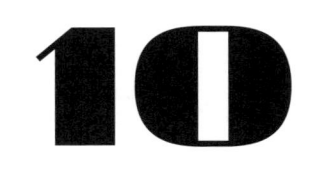

（ジジイの日記から抜粋）
2月14日♥
バレンタインデーに、○○ちゃんとデートだよ～ん。
○○ちゃんのチョコは、あま～い！　うれし～い！

……もう、クソジジイのことは思い出したくありません！　そこは地獄だろ？　ジジイめ。

（おぼろ月夜のアルテミス）

宇多丸　これはキツいですねぇ。ジェントルで粋だと思っていたおじいさんが隠していた、**「だよ～ん」**が、死んでから出てくるとは。
古川　絶対に見たくない文体だよね。
宇多丸　自分の親が「だよ～ん」って言っていたらイヤだけど、一般的に言えばお年を召しても色っぽいことがあるということはいいことですよね。

古川　そうそう。おじいさんだって、人間的な恥ずかしい面が、そりゃ当然あるわけですよ。

宇多丸　おじいさんは、いくつだったんですかね。あ、80代か……。でも、自分のこと考えてみればわかりますけど、歳を重ねたからといって成熟するとか、急に立派になるもんじゃないでしょ。

古川　まったくもってそのとおりです。

宇多丸　80代のオレは、いまのオレの延長線上にあるわけじゃないですか。考えてみてくださいよ。ガキって全員バカじゃないですか。それに若いやつも基本的にバカじゃないですか。で、人間そのバカなガキの延長線に常にいるわけなんですよ。だから、当然オヤジもバカだし、ジジイもバカだし、**みんなバカなんですよ。**

古川　みんな、「だよ～ん」ですね。

宇多丸　**みんなバカなんだよ～ん！**

二人　**だよ～ん！**

宇多丸　もうさ、逆に「だよ～ん」を使っていくのがいいと思う。偉い人に怖いこと言われても「どうせアイツも、だよ～んって言ってんだろ」って考えてみると、どうでもよくなるでしょ。**安倍首相なんて確実に「だよ～ん」側ですよ。**見るからに「だよ～ん」な顔じゃないですか。蓮實《はすみ》重彦《しげひこ》さんだって、絶対に「だよ～ん」な一面があるはずなんですよ。偉い人にビビってしまう人は、ぜひ試してみれば、いい思考実験になると思いますよ。

古川　「だよ～ん」の地続きは、誰しも絶対にあるわけですからね。もうちょっと歳を重ねたらアルテミスさんもわかると思いますよ。

宇多丸　あんま変わんなかったってわかるはずです。

11

みすぼらしい格好《かっこう》は親切《しんせつ》を引《ひ》き寄《よ》せる法則《ほうそく》

私の父の話です。父は出かけるときでも、洗濯カゴから適当に触れたものを着て、ひげもボウボウ、髪もハゲているのにボサボサと、もうひどく生活意識が低いのです。

そして10年ほど前のある日、その低さがある事件を引き起こしました。

その日は父と親戚の3人で上野の焼き肉屋に行くことになっていました。親戚とは上野駅で合流し、父は博物館にいるとのことで、上野公園で落ち合うことに。私たちが待ち合わせ場所に着くと、父がプラスチックの丼を持ち、**なんか食っています**。父に近づき、「これから焼き肉を食べるのに、何食べてんだよ〜」と聞くと、まさかの答えが！

「ん？　炊き出し」

親戚と私は固まりました。そうです、**父はホームレスの方向けの炊き出しを食べていたのです。**

「何やってんだよ！」と怒る私。

「お、おじさん!?」戸惑う親戚。

「違う！　違うよ〜！」と言い訳をする父によると、こういういきさつでした。

父は上野公園の待ち合わせ場所でぼんやり立っていたところ、おばさんに話しかけられました。

「あの、よかったら時々炊き出しやっていますから」

父はなんのことかわからず、おばさんの視線を追ったところ、ホームレスの方のための炊き出しが。そうです、おばさんは父の風体を見てホームレスの方だと勘違いしたのです。しかも、**炊き出しが欲しいけど並ぶことに躊躇している人**だと思ったようです。

父は慌てて否定し、仕事もしていることも伝えたそうですが、おばさんは「**大丈夫よ。働いている方もいます。**気にしないで。これ食べて」と豚汁のようなものとおにぎりを渡そうとします。

そんなとき、父はお金を持っているとこを見せれば信じてもらえるのでは？　と気づきました。ですが、父は、プライベートは財布を持たず、マネークリップにクシャクシャの札を挟むという、お金の扱いに関しても低く、**「ダメよ、こんなところで出しちゃダメ！」**と逆におばさんにたしなめられる始末。

結局おばさんはこのスタンスを崩すことなく、豚汁だけでもと無理やり渡されたそうです。もともと父は穏やかで優しい人なので突っぱねるような言い方はしたくなかったそうで、それが変に誤解され続けたこともあるのでしょうが、もう完全に普段の意識の低さが引き起こした事件でした。

余談ですが、クッパを頼み、父に取り分けようとしたときに**「さっき豚汁を飲んだからいらないよ」**と言われたときは、「殺すぞ」とつい瞬間的に言ってしまいました。

（ミッシェルガンエレファントカシマシ男）

宇多丸　オレの父も同じような体験をしたことありましたよ。以前、家族で上野駅近くで待ち合わせをしていたら、そんなにボロボロの格好をしているわけでもないですけど、**「おじさん、いい仕事あるよ〜」**って声をかけられたことがあるそうで。

古川　へー！

宇多丸　やっぱ上野のあたりは、ストリートのリアルな事情がいろいろあるんでしょうね。この、炊き出しをすすめてくれるおばさんは親切ですよね。**「気弱で並べないのかな?」**と、気遣ってくれて。

古川　本当は炊き出しに頼りたいけれど、後ろめたさがあってもらいに行けないという方が多くいらっしゃるということもあるんでしょうね。

宇多丸　で、おじさんが「お金はあるよ」って言っても、「ものを盗っちゃう人もいるかもしれないからね、いけませんよ」と、たしなめてね。

古川　「危ないよ〜」ってね。

宇多丸　若干、子どもをあやす感じが入っている感じもしますけど。**「大丈夫よ。**

働いている方もいます」ってところが、味があるよね。

古川　遠慮して気後れしなくていいのよってことを、どうにかわかってもらおうとする、いいボランティアの方ですよね。あと、投稿者さんとお父さんの関係もよさそうです。全体的にいい話ですね。

宇多丸　ただ、やっぱり、せっかくのお出かけに**ひげボウボウ、髪の毛ボサボサ**もどうかと思いますよ。身だしなみは大事です。

12

絶対《ぜったい》に負《ま》けない弁論術《べんろんじゅつ》

私の妻は、自分の側に非があるにもかかわらず、それを指摘された際に何か意味ありげふうなことを言って、結果、**その場では負けてないような立ち位置を取る技術**に長《た》けています。

これを私は密かに**「負けてないぞ論法」**と読んでいます。勝ってはいないが負けてもいない、というところがミソです。

たとえばこうです。ある日、商店街を妻とふたりで歩いていたときのことです。妻がフラフラと不規則に歩いていたため、後ろを歩いていたインド人の男性とぶつかりそうになりました。妻の手をつかんで引き寄せ、「インド人とぶつかりそうだったよ」と優しく注意したところ、妻は反抗的な態度で、**「日本にいるのは80%以上がネパール人なんだよ」**と、その場では検証のしようがないようなことを言い出したのです。

だからなんなんだとしか言いようがない発言なのですが、しかしなんとなく私のほうが間違いを指摘されたような格好になり、結果、妻はなんだか**「負けてない」感じ**になるのです。

さらに妻は大変な遅刻魔で、時間どおりに動くということができない性分です。あるときはこうです。出かける時間ギリギリになっても支度が終わらない妻。「そろそろ出ないと間に合わないよ！」と優しく注意したところ、メイク中の妻は鏡越しに、**「時間どおりに来るブスより遅れてくる美人のほうがいいに決まっているでしょ！」**と言い放ったのです。

よく考えるといろいろと問題のある発言ですが、その場ではなんだかすごい名言を言われたような感じになり、結果、妻はまたしても**「負けてない」**ような立ち位置をキープすることに成功するのです。

宇多丸さん。これって低くありませんか？

（ＫＲＳにゃん）

宇多丸　**最も低い意味でのディベート技術だね。**

古川　伸ばしてもしょうがないディベート術ですね。

宇多丸　「日本にいるのは80％以上がネパール人なんだよ」っての。よく、すぐにこんな知識が出てくるよね。**フリースタイラーとしての能力は高い！**

古川　たしかに、「ああ言えばこう言う」を地で行っています。

宇多丸　勝ちはしないが、負けもしないMCとしての能力が備わっていますよ。

古川　どれだけバトルをこなしても、**プロップスは絶対に得られない**でしょうけど。「アイツ、言ってることおかしくね？　なんか低くね？」みたいな反応ばかりで。

宇多丸　とりあえず、この夫婦は仲がよろしそうなことで、ようござんすね。

古川　まあ、のろけメールですよね。

宇多丸　ですね。おふたりとも、自分の人としての低さを隠そうともしないあたり、逆に美しいのではないのでしょうか。このKRSにゃんさん、自身も「私が優しく注意したところ」とかさ、**「優しく注意」**ってのが繰り返し出てきて自己正当化の匂いが濃いあたり、お似合いな感じがしますよね。

13

「低《ひく》み」のかわいげは女心《おんなごころ》をがっちりつかむ

「低み」のコーナーを聞くたびに、ライフスタイル低めいっぱいのIさんのことが頭をよぎります。

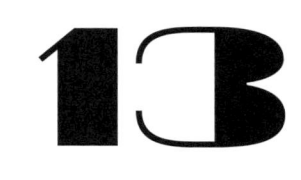

Iさんは会社の先輩で、いまの会社に入って最初に仕事を教えてくれた人です。Iさんからは主に仕事の手の抜き方を習うばかりでした。いかに仕事をしているように見せるか、それをIさんは**「見せる戦い」**と称していました。そんなIさんなのでロクな人ではなく、金と女と酒にだらしのない、身体の成分の98%くらいは**「だらしのないもの」**で形成されているような人物だったのです。

多重債務者だった過去を持つIさんは毎月のように**楽天カードの審査を受けては当然のように落ちていました。**ニートでも審査が通ると有名な楽天カードに落ちるほど社会的信用に欠けるIさん。給料が入ればパチンコ屋に直行して、小一時間で3万円を溶かすような人ですので、審査が通らなくて正解だなと思っていました。

女にもだらしがなく、遠距離で10年つきあっている彼女（澤穂希《さわほまれ》似）とスナック勤務の女性（12歳年上のバツイチ、年のわりにきれい）に二股をしているという、二股をしているってのにちっともうらやましくない女性関係を築いていました。

思考が緩めのIさんはお酒を飲むとさらにタガがはずれてしまい、もう、ダリの絵を見ているような、こっちの平衡感覚すらおかしくなる酔い方をするので、飲みに行くと大変でした。あるとき、わが社の社長が僕らのいる支社にやってきたときのこと。懇親会ということで夜に居酒屋へ行ったのですが、案の定、Iさんはお酒を飲んでいつにも増して上機嫌。**社長の肩をバシバシ叩いては社長に「気安く触るなよ」と言われていました。**Iさんと社長、その他数人でそのまま2次会へと行く流れとなり、スナックに入って女の子の太ももを触りながら、これまた上機嫌のIさん。宴もたけなわとなったころ、酔っぱらったIさんは**「ここはオレが出しますよ！」**と言って財布からカードを抜き出して掲げました。僕はとてもイヤな予感がしました。

楽天カードも持つことができないIさんがクレジットカードなんて持っているわけがない。そもそも支払い能力がないだろう。**Iさんの手を見ると見慣れたタヌキの絵が。**あれ？　これ、僕も持っているやつだ。DVDを借りるときとかに使うやつだ。そう、IさんはPontaカードを掲げているのでした。もちろん、クレカ機能なんてありません。「おい、それPontaカードじゃねえか！」と社長に怒られるIさん。結局、その場は社長が払ってくれました。社長をタクシーに乗せて見送るとIさんは「わ、こんな時間だ！」と言って慌てていました。「見たいテレビでもあるんですか？」と聞くと、「金曜の夜は隣の部屋のやつがヤッてる音が聞こえるんだ。**喘《あえ》ぎ声が漏れるんよ、くふふ**」と言って小走りで駅へと向かい、消えていきました。

その後、Iさんは転勤して、10年つきあった彼女と結婚しましたが、スナック勤務の方ともまだ続いているそうです。10年もつきあっているのだからしかたがないと、いやいやながら結婚したIさんでしたが、奥さんを保証人に立てることによりクレジットカードをつくることができたみたいで、さすがにそのときだけは「オレ、結婚してよかったよ」と言っていました。憎めないけど低い、いや、ひどい、Iさんなのでした。

（デンプシーロールパン）

宇多丸　ここまでくると、社会規範をギリギリはずれている人ですよね。

しまおまほ（以下、しまお）　ある意味、うらやましいっちゃうらやましいですけどね。**「気安く触るなよ」**って社長に言われるほど、なれなれしくできるのとかって。

宇多丸　隣の喘ぎ声を盗み聞きする件もね。普通は騒音だからね。静かにさせるために、部屋の壁ドンドン叩く人もいるくらいだってのに。あと、結婚の言い草もね……。**「10年もつきあったから仕方なく」**って失礼すぎるでしょ。でも、スナックのホステスともつながったままだと言うし、ダメ男の色気みたいので、意外とモテるのかなぁ？

しまお　それはあるとは思いますよ。Ｐｏｎｔａカード出したりするのも、ちょっとかわいげあるじゃないですか。

14

タオルがなくても、あっという間《ま》に身体《からだ》は乾《かわ》く

私の大学からの友人・M君の話を紹介させていただきます。M君は全身の体毛が濃く、唇が厚く、フォレスト・ウィテカー（ウィテ兄）似の20代後半の男性です。

ひとり暮らしのM君と私は、飲みや遊びのあとは銭湯で締めることが多いのですが、気分次第で手ぶらで行くので、タオルなど持ち合わせていません。私は50円のタオルセットを借りて入浴するのですが、倹約家のM君は、「オレは別にタオルはいらない」。何ひとつ持たずに、文字どおり裸一貫で歩くその姿は堂々としており、また、**体毛の濃いM君は身体を洗う際によく泡立つため、**たしかにあまりタオルがないことの不便さを感じさせません。

しかし、問題は入浴後。ビショビショのM君は、**獣のように身体を震わ**

せ、彼いわく「ある程度の水分」を切って脱衣所に出ると……扇風機の前に仁王立ち。全身の毛をなびかせて、乾くまで立ち尽くします。毎度のことなので、僕はなんの疑問も持たずに過ごします。

M君の誕生日を祝ったある晩のこと。いつものように銭湯に行く僕たち。その日は普段見かけないおばあさん（推定80代）が番台に座っていました。普段どおり入浴を終え、扇風機の前に立つM君。するとその姿を見た番台のおばあさんが下りてきて、「しょうがないねぇ」とM君の身体を拭き始めるではありませんか。

「しょうがないねぇ」

「あっ、あっ、すみません」

「しょうがないねぇ」

「はい……」

と身を任せ、身体を拭かれるM君。あとから聞いた話では、M君はそのとき、**「いちおう、勃起しないようにほかのことを考えていた」**そうです。

M君が引っ越したため、その銭湯には行かなくなってしまったのですが、彼は時々銭湯の前を通ると、**「元カノの家の前を通るようなあの感じがする」**

と遠い目をするので、彼にとっても、その街のいい思い出になっているようです。「低み」から生まれた人と人との出会い。悪くないと思いませんか?

（アイアムダディッツ）

宇多丸　文体のせいで一瞬こっちも切ない気持ちになったんだけど、普通に考えて銭湯のおばあさんに、性的なニュアンスは絶対ないよね。

しまお　ねぇ。ただの親切でしょ。銭湯でタオルをロッカーに置いたままお風呂に入っちゃいがちだから、そういうときは、わたしも出るときに身体を震わせていますよ。

宇多丸　しまおさんもやっているんですか。

しまお　常習ですよ。指で身体中の水滴をペッペッってしごくだけで、かなり水気はなくなりますからね。乾かすのとは反対に、毛で泡立てるってのもやりがちじゃないですか?

宇多丸　実際オレも、唯一毛がいっぱい生えている部分は、いつも「ここの泡立ち力半端ないな！」って驚かされていますよ。

しまお　スポンジよりもシモの毛のほうが、泡立ちがいいですからね。

第一章　「低み」創世記

「低み」創世記

古川　「低み」という概念を掘り下げるにあたって、まず我々が初めて低みと出会った瞬間を正確に記録することから始めましょう。僕が「これは⁉」と感じた**「低み創世記」**とも言える出来事を、当事者のミノワダディレクターに話してもらいたいんです。

ミノワダ　あれですか？　僕がカップ麺の**「極どろ特濃ニボ豚骨ラーメン」をAD**（アシスタント・ディレクター）**のヤマゾエくんに飲ませた件ですか？**

古川　ラーメンの名前からして低いよね。

宇多丸　**ニボか豚骨のどっちかでいいじゃん。**その上、極どろで特濃なんでしょ。

ミノワダ　実際、名前に恥じないドロドロスープでしたよ。で、僕はそれを番組の準備してる時間、お腹が減ったから食べてたんですよ。

古川　生放送に向けて気合を入れるために、ガツンとね。

ミノワダ　そうです。で、ウマいウマいと言いながら麺を食べていたら、スープを残してお腹いっぱいになっちゃったんですよ。そうしたら当時番組のADだったヤマゾエくんが横でラーメンを物欲しそうに眺めてたんです。だから**「スープ飲む？」**って聞いてみたら、ヤマゾエくんが**「飲みますっ‼」**ってうれしそうにもらってゴクゴクゴクゴク飲んだわけです。これ、何回も弁明してますけど、僕的には**よかれと思ってですよ？**

宇多丸　ミノワダくんが勝手に「物欲しそう」だったと言ってるわけじゃなく、ヤマゾエくんも本当に「飲みたかった」って思ってたんだよね？

ミノワダ　そうそう。

宇多丸　パワハラとか、かわいがりの類いではないと。

古川　たしかに、あとから聞いたらヤマゾエくんも**「実際、飲みたかったですし」**って笑顔で言ってましたからね。

ミノワダ　だから本当に**「よかれと思って」**なんですよ。

スープを捨てちゃうのはもったいないしね。もしヤマゾエが「いりません」って言ったら捨てるつもりでしたよ。でも、僕がヤマゾエとそういうやりとりをして、彼がゴクゴク極どろスープを飲んでたら、古川さんが**なんとも言えない顔でこっちを見てるんですよ。**「なんですか?」って聞いたら、古川さんは**「別に」**とか言ってさ。

宇多丸　古川さんはふたりの様子を「(これは異常だ)」って観察してたんだよね。で、オレがスタジオに来るなり「聞いてくださいよ」ってふたりの行動を克明に伝えて、「どう思います?」って意見を求めてきたの。でも、どう思うって言われても、**「なんだかなぁ」**としか言いようがないよね。

古川　それから小一時間、「これはいったい、なんなんだ?」と意見を交わしたんですよね。

「低み」の本質はスープを飲んだことではない

宇多丸　そのとき話したのはね。普通だったら、麺がまだ残っているときに「一口食べる?」って聞くのが筋じゃん。たとえヤマゾエくんがラーメンを欲しがっていたことに気づいてなかったとしても、完全に食べ切った状態で、スープだけあげるっていうのは、やっぱりなんだか……要は**残飯なわけじゃん?**　しかもその残飯を、もらうほうも嬉々《きき》としてゴクゴク飲むわけでしょ。たとえばね、そこでヤマゾエくんが「ちょっとは麺を残しておいてくださいよぉ!」とか言ってひとつジャレ合いを挟んでいたら、かろうじて人間らしさが残ったやりとりだったと思う。

だけど、麺がない、残飯の状態を喜んで飲むあたりが、こう……**犬に餌をやるみたいな感じ?**　このミノワダくんとヤマゾエくんの関係と自分との間に言い表しようのない断絶を感じるのはそこなんだよね。**「このふたりはまったくおかしいことだと思ってないの?」**ってことに。

古川　そう、まさにそこなんですよ。このやりとりを聞いた人は、低みの核心を**「もらったラーメンの汁を飲む行為」**もしくは**「ラーメンの残り汁を後輩に与える行為」**だと思う人もいるかもしれませんが、そうじゃないんですよ。「ラーメンの汁飲む?」って聞いて「飲みます!」って迷わず答える、**その関係性こそが「低み」というものなんですよ。**ミノワダくんが、飲みたくもない相手に「飲めよ!」

と言ったらそれは低みじゃないんですよ。需要と需給が標高の低いところでぴったりと噛《か》み合ってるのが「低み」であり、ある種の愛らしさなんですよ。

ミノワダ　愛らしいと思われているようには聞こえませんけどね。

宇多丸　強制的に極どろスープを飲ませてたら、それはパワハラだもんね。そうなったら低みじゃなくて**「ヤダみ」**。

ミノワダ　後輩に無理やり何かをさせるなんてしないですよ。……いや、待てよ？　**僕は宇多丸さんにはラーメンの汁をあげたりはしませんね。**

宇多丸　オレだっていらねえよ。

古川　そんな話してねえだろ。

ミノワダ　でも古川さんにはジョークで「飲む？」とか聞くかもしれません。古川さんが本当に飲むとは思ってないからこそだけど。

宇多丸　でも、ヤマゾエくんには言うわけだよね。ということはつまり、低みが低みとして成り立つためには、低みを受ける側の存在も結構デカいのか。

ミノワダ　ヤマゾエが「結構です」って断ったらそこで終わる話ですからね。

古川　さっきヤマゾエくんは**「あのとき、『ラーメン、すっごいおいしそうだなぁ』って物欲しげに見てたんですよ」**って回想してくれました。

宇多丸　やっぱり人間同士というより人間とペットみたいだな。『マッドマックス2』で、マックスが缶に入ったペットフードをひととおり食べ切ると、缶を放り投げて犬に与えるじゃん。あの感じね。もの欲しそうに眺めているジャイロ・キャプテンには与えないけど、犬はかわいがってるから残飯くらいは与える。なんて言うか、**善意の最低ランク**って感じだよね。

ミノワダ　でも、そもそも僕が買ったラーメンですよ？　**僕が全部食べて何がいけないんですか？**　もしもマッドマックスみたいに荒廃して食べ物がない世界ならシェアしたりしますよ。けど、**平時だし**、ヤマゾエだってお金持ってて、買おうと思えばカップ麺くらい、いくらでも買えるじゃないですか？　僕が買ったラーメンのスープだから僕が飲み干したっていいものを、わざわざ与えてやってんだってことなんですよ。

古川　いまそういう話じゃなくない？

宇多丸　誰のラーメンかが重要なわけじゃないんだよ。シェアっていうなら、麺がある状態であげればいいじゃんって話なの。

ミノワダ　**だってシェアするために買ってるわけじゃないし。**

宇多丸　みんなシェアするために買ったわけじゃないものをシェアしてるんだよ。

ミノワダ　うーん、そうかぁ……（不服げ）。言われてみればシェアとはまた違いますね。**要は「モッタイナイ」ですよ。**

古川　出た、低みの最頻出ワード、「モッタイナイ」。本当にいろんなものをアリにしてしまう魔法の言葉ですよ。

ミノワダ　どうせ捨ててしまうくらいのスープなら、ヤマゾエくん、再利用してみてはどうですか？　という提案だったのかもしれませんね。

古川　さっきまで「わざわざ与えてやってる」とか吠《ほ》えてたくせに。

ミノワダ　逆に聞きますけど、**麺を一本でも残していたなら低みじゃなかったんですか？**

宇多丸　わざわざ一本だけ残してたなら余計に低いよ！　でも「もう一口しか残ってないけど食べる？」って言い添えればだいぶ低み感は薄れる。それに「ゴメン、もうちょっと残しておけばよかったかな？」なんてつけ加えればよりベターじゃない？

ミノワダ　そういうもんですかねえ……（不服げ）。

人の唾液の許容範囲

古川　逆にミノワダくんはさ、宇多丸さんからスープだけのラーメン回ってきたらどうするの？

ミノワダ　僕だったら迷わずおにぎりを買ってきて中にぶち込んで雑炊にして食べますね（即答）。

宇多丸　さっきからちょいちょい話の次元がずれるな。

古川　低みなりの美学みたいなものもあんまり感じないいんだよな。

宇多丸　ちなみにオレはスープだけ回ってきても絶対飲まないけどね。

ミノワダ　宇多丸さんはやらないですよね。そもそも食べ物のシェアもしませんよね。

宇多丸　オレは案外、潔癖なんですよ。

ミノワダ　「一口ちょうだい」とか誰かに言ったりしないんですか？

宇多丸　食べ物によるね。カレーライスみたいなグチョグチョしたものは、他人が触った箇所を避《よ》けて食べられないから無理だなぁ。逆にラーメンとかは、**唾液だの何だの**のイヤな成分が汁に溶けて希釈されてるから大丈夫なんだけど。

ミノワダ　他人の体液との接触がイヤなんですか？

宇多丸　そうそう。だからカレーライスをシェアするのは、唾液の交換をしてもいい相手じゃないと許容できないね。

　あとさ、何人かで鍋を食べに行ったときに「直箸《じかばし》でいい？」ってのも本当はイヤなの。から揚げみたいなゴロッとしたものは直箸でいいよ。だけど鍋はね、**唾液だの何だの**が混ざるからね。けど、実際みんなで食べに行ったときに「菜箸《さいばし》あるんだから使えよ！」って言うと、すごくうるさいやつみたいになるから、普段は「いいよ～！　全然大丈夫！」ってやり過ごしてるんだけどさ。でも本心は、わりとイヤ。

古川　でも、宇多丸さんの潔癖性は全方位に発動するわけじゃないよね。

宇多丸　いや、全方位だよ。

古川　けど、電車のつり革は普通に触れるでしょ？

宇多丸　そこまで行くと重度すぎるって。つり革なんていくら何かが付着してたって、手を洗えばいいだけだもん。でも食べ物の場合、一度身体の中に取り込んでしまったら、もう後戻りできないからね。

　あと、鍋の場合は、人の唾液がイヤだってのと同じくらい申し訳なさもあるんですよ。**「オレの唾液だの何だのにまみれたスープを飲ませて、みんなすみません……」**って。

古川　さっきから、唾液だの何だのの**「何だの」**が気になるんだけど。

宇多丸　あとはさ、単純に女性と鍋をつつくのは、なんだかいやらしい感じしない？

古川　直箸で鍋を食べたくらいで間接キスだと思う人はいないよ。中学男子じゃないんだから。

ミノワダ　僕も直箸くらいは全然気にしないですけどね。

古川　君はそうだろうよ。（P134へ続く）

SECTION 02

［フード・ティップス］

FOOD TIPS

退屈なディナーに飽き飽きした〈食〉の冒険者たちへ。
さあ、走り出そう。あり余る創造性《クリエイティビティ》で味覚と栄養のその先へ。

15

コストをミニマムにするベストメニュー

節約のために昼食はコンビニでコロッケと大きめのプリンを買っています。まず大きめのプリンを食べるのですが、何せ**大きいだけで安物のプリン**なので、半分も食べると、甘すぎる単調な味にうんざりして、**「もう二度とプリンなんか食わねぇ」**という気持ちになります。

このタイミングでコロッケを食べて味をリセットし、**「デザートにプリンでも食べようか」**と思い直して、半分残っていたプリンを食べ始めます。

再び味に飽きて**「もう二度とプリンなんか食わねぇ」**の状態になるころには、**擬似的な満腹感**が表れています。

栄養が偏ることと、食の楽しみがほとんどないことが弱点です。

（あああ）

宇多丸　「栄養が偏ることと、食の楽しみがほとんどないことが弱点」って言うけど、**長所はなんなの？**　安く上がること？

古川　安上がりっていうのも疑わしいですよ。同じ値段でカップ麺買えますし。

宇多丸　でも、うんざりさせて食欲をなくそうという気持ちは、オレよくわかりますよ。以前**「もずくダイエット」**をしたことがあるんですよ。お腹が空いたら、もずくを一気飲みするっていうダイエット。これがよく効くの！　もずくの酸っぱさと、一気に飲むにはちょっと多い量で、食欲がそんなになくなるんだよね。

古川　**ネガティヴダイエット**ですね。

宇多丸　その感じよね？　安物のプリンって、たしかに「食べたくない！」ってなりそうじゃん。

古川　「大きいだけで安物のプリン」だとか「甘すぎる単調な味」とか、食べ物の悪口を言いながら、それでも食べるのは、低いなぁ。

16

身長《しんちょう》が伸《の》びる魔法《まほう》の食事術《しょくじじゅつ》

小学生のころ、友人のS君は給食の余った牛乳をもらえるだけもらって帰るのが習慣でした。

ある日の帰り道、鬼ごっこをする流れになり、転んだS君はランドセルをしょったまま、仰向けに倒れました。

S君は教科書類を急いで取り出すと、ランドセル内にこぼれた牛乳を、**角度を変えながらうまく飲み始めました。**「これで身長が伸びればなんてことはない。**これ、牛革だし**」とドヤ顔でした。

（T2）

宇多丸　「これで身長が伸びればなんてことはない。これ、牛革だし」って、関係ないでしょ！

古川　牛乳も、ランドセルも、**元をたどれば牛**ってことぐらい。

宇多丸　元は牛だからって、いまはランドセルなわけだから、中は汚ったないですよ。牛乳をもらえるだけもらって帰るってのも低いなぁ。

古川　でも小学生のとき、そういう男子は結構いましたよ。

宇多丸　三角パックをランドセルの中に詰め込んで帰ってるの？

古川　普通の四角い紙パックでしたね。だからガラスが割れちゃうとかはないんで、安全なんですけど。

宇多丸　牛乳をもらえるだけもらう時点で相当キテるし。この手のエピソードのオチって、紙パックが破裂してビシャ〜！ってなっちゃったってオチを想像するわけじゃん。このクライマックスは想像を超えてきましたよ。

古川　ランドセルから直で飲むって、**優勝した力士がデカイ杯で飲んでいる姿**みたいで豪放磊落《ごうほうらいらく》な感じさえありますよね。

宇多丸　普通に考えて、ランドセルから飲むのって、相当難しいですよね。

古川　S君もかなり頑張ったんじゃないですか？

宇多丸　「なんてことはない」っていうくらいだし、彼もランドセルから飲むという行為の異常性を薄々わかってはいるんだろうね。普段だったら、「なんてことはある」ってことじゃんか。その後、S君の身長は伸びたのかが、気になりますね。

17

生産者《せいさんしゃ》と消費者《しょうひしゃ》のよき関係《かんけい》

僕が「低み」を感じたエピソードはアルバイト先の元同僚Tさんとの話です。

Tさんは40代で僕とは歳の差が20歳ほどありましたが、話や趣味が合う友達のような関係で、よく仕事後にご飯を食べに行っていました。

いまから3年ほど前、Tさんと、個人経営でやってそうな古めのカレー屋さんへ行きました。出てきたカレーを食べ始めると、しばらくしてTさんが怒り出し、**「虫の足みたいのが入っている」**とお店の店主に文句を言いに行きました。店主は謝らず、それどころか、「うちの料理はすべてレトルトだから虫なんか入らねー」と堂々と言い返してきました。

僕はその店主の爆弾発言にB. O. Z. E. N、呆然《ぼうぜん》!! となり、言葉もない状態でしたが、Tさんは**「それならこれは虫じゃないな」**と納得したようでまたカレーを食べ始めました。

僕はこの料理人としてのプライドがない店主と、レトルトということに何も感じないTさんのふたりに「低み」を感じました。

（トーン・トーン）

宇多丸 **「レトルトだから虫なんか入らねー」**って店の人が力説しているけど、レトルトだろうが、皿に付着していたりすれば虫は入るよ！

古川 いくらだって混入の機会はあるしね。

宇多丸 レトルトだっていうカミングアウトは、なんの理屈にもなってないから完全にムダだよね。でも、Tさんはある意味いい人ですよ。言われたとおりに納得するって。一度上げた拳を下ろすのって、なかなか大変じゃないですか。

古川 「虫が入っているわけがない」って言われたら、「あぁ、そうか」ってね。

宇多丸 虫の件で頭がいっぱいで、「レトルトかい！」のほうに頭が回らなかったんでしょうね。

古川　それか、レトルトでもおいしけりゃいいや、って。

宇多丸　もしかすると、あとで帰りの電車とかで「ちょっと思い出したんだけどさ、さっきの店、レトルトって言ってなかった？　あれはなくない？」みたいに、あとから怒りが込み上げているかもね。でもよくあるよね、**「思い出し怒り」**って。「よく考えると、あれ許せねえ……！」って。

古川　「あのときオレ、完全にバカにされていたんだ……！」ってあとから気がつくこと結構ありますもんね。

宇多丸　番組開始当初、オレが古川さんを**「キモメガネ」**って呼んでいたことも……。

古川　母親が悲しんでいて、そのとき初めて蔑称だってことに気がつきましたからね。

宇多丸　フフフ……。

古川　「そんなつもりで産んでない」って、母親が寂しそうに言っていましたから。これについて宇多丸さんはどう思っているんですか。

宇多丸　容姿に対する批評。これはよくないですよね。……フフフ。

18

ペットボトルの非接触型《ひせっしょくがた》アウトプット

大学時代、つきあいたての彼氏の家に初めて行ったときのこと。

すぐにイチャつくこともできず、彼がぎこちなく「お茶飲む?」と、床に置いた2リットルの烏龍茶《ウーロンちゃ》のペットボトルを指差しました。

せっかくなのでとコップを探そうとすると、**「洗うのが面倒だから直接飲んでもらっていい?」**と言う彼。典型的な男子大学生のひとり暮らしといった感じの雑然とした部屋で、自炊もほぼしていないようでしたので、その言い分はまあ理解しました。

しかし、大きなペットボトルを持ち上げて直接飲もうとすると、さらに彼が**「汚れちゃうから、ちょっと浮かせて飲んでくれない?」**と要求。

マジか……**汚れるってなんやねん**……としぶしぶ大きなペットボトルをちょっとだけ浮かせてお茶を飲みました。

その後、彼とはお別れしたことは言うまでもありません。

（ウチミ母）

宇多丸　意外なほうに話が行きましたね。ボツ投稿には全体的にひねりのない下ネタが多いせいで、**ブロウジョブ的なことを予想していたら。**

古川　ある意味、ほっこりしました。

宇多丸　ほっこりしないよ。とんだ潔癖性じゃん。

古川　潔癖性というか、彼は衛生概念の感覚がおかしいよね。

宇多丸　たしかにね。ペットボトルに口がつくのがイヤなら、コップを使えばいいのにさ。さらに、コップを出すことすら面倒臭がるくせに、人が口をつけることに「汚れちゃう」と言うデリカシーのなさにもイライラしますね。

古川　浮かせて飲めって言ったって、2リットルのペットボトルは、結構重くてなかなか大変ですよね。

宇多丸　これさ、彼氏本人はどう飲んでいるのかな？　彼氏もペットボトル浮かして飲んでいるんなら……まあ、いいか？

古川　それこそ、コップを使えばいいのに。

19

富裕層《ふゆうそう》だけが知《し》っているコーヒーブレイクの秘密《ひみつ》

私の「低み」についてお話しします。いや、先に謝っておくと、**決して低くはないかもしれません。**

私、毎朝必ずコンビニのドリップコーヒーを購入する程度の優雅な生活は、いちおう送っております。そこで、生活がちょっとだけ豊かになる裏ワザがございます。

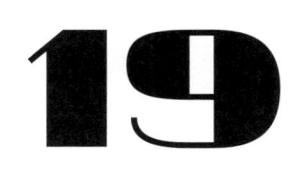

ドリップコーヒーがチョロチョロと抽出され、最後に「ピーッ」と音が鳴り、画面には「おいしいコーヒーができました」との文字が出ます。

しかし、ここで焦ってカップを抜いてはいけません。なぜなら数秒後、さらに「ジョロリ」と**コーヒーの残り汁みたいなものが垂れてくる**からです。ちょっと得します。これを私は**「残尿」**と呼んでおります。さて、ここまではみなさんもマストかと思います。問題はこの先です。

自分より前にコーヒーを淹《い》れている人を見つけたら、真後ろで待機。その人が「ピーッ」の音と共にカップを抜いたならば、**間髪入れずに自分のカップを滑り込ませるのです。**すると、**「前の人の残尿」**がジョロリと垂れてきます。

これで自分と合わせて2倍の「残尿」が手に入り、コーヒーのかさも増すというものです。多少食い気味のカップイン行為に、やや怪訝《けげん》な顔で見られますが、それは**嫉妬の表れ**なので知ったことではありません。

この行為、毎日ドリップコーヒーを購入するほどの「富裕層あるある」なので、「低み」とは言えないかもしれませんが、確実に何かが「低い」（何かはわからない）気がするので投稿させていただきました。

（黒港）

宇多丸　「コーヒーすら買えないような低い連中とは次元が違う話なので」みたいな、このくだりがもう低い。挙げ句、ジョロリを狙いに行くんでしょ。「ジョロリ」っていう言い方もね。
古川　あえて低いほう、低いほうに寄せていってますから。
宇多丸　人がカップ取った瞬間に、グイッ！って、ねじ込むようにカップを置くんでしょ。不気味だよ。
古川　でもこれ、おっしゃるとおり、たしかに一拍置いてジョロリが来るんですよ。
宇多丸　とはいえ、ジョロリが来るまで数秒とかでしょ？
古川　２秒くらいかな？
宇多丸　秒って結構すぐでしょ。カップを取り出して、蓋を閉めようとしたらすぐに来るんじゃん。危ないでしょ！　**これは「低み」じゃなくて、迷惑です！**

20

ラーメンスープのインバウンドとアウトバウンド

私は、歳が40日前であり、健康診断でいろいろ引っかかる項目も年々増えてきております。そんな私は、食費の節約にカップラーメンを食べることが多いのですが、脂質、塩分が最近、気になってきております。

そんな中、カップラーメンに記載されている栄養価表示欄を見ると、麺ではなく、スープに塩分が多いと気づいてしまいました。そこで私は、麺をすすり終えたあと、スープを口の中に入るだけ入れ、味を堪能したあと、**カップに戻します。**

これは、余計な塩分の摂取を控えられるだけではなく、一度口に含んだ液体を戻すことにより、二度とそのカップは飲まないぞという決意を自分自身に持たすこともできます。

当然、この行為が低いと自覚しております。

（岩手大吉）

宇多丸　ダイエットのためには背に腹は代えられん系行為は、「低み」がつきまとう余地がすごくあるとオレは睨《にら》んでいますよ。岡田斗司夫さんはダイエットの最中にどうしてもポテチを食べたくなったとき、袋の中のポテチをひとつだけ食べたら、残りに間違っても手を出さないように、袋の中に水をジャー！って入れたそうじゃないですか。

古川　僕もそのエピソードを思い出しました。『レコーディング・ダイエット』の本に書いてあったやつですね。

宇多丸　かなり近いよね。

古川　叶《かのう》姉妹も似たようなことしているそうですよ。噂《うわさ》ですけど、焼き肉屋に行っても、肉を口に入れて味わったら、**肉をティッシュにペッて出して捨てちゃう**らしいです。

宇多丸　完全に一緒じゃないの！

古川　目的のためには何をしても許されるのかって話ですよね。

宇多丸　叶姉妹が行く焼き肉屋なんて、結構高い店のはずなのにね。でも良い店、悪い店、関係ないよ。命に良いも悪いもないわけじゃん。そのために殺された牛がいるわけじゃん！　それをガムみたいにペッ！　とは。

古川　そんな汚らしく、ペッ！　とは吐きませんよ。そっと口から出しているそうです。

宇多丸　本当に少しも食べないの？

古川　らしいですよ。

宇多丸　だったらさ、自分が食べる焼き肉だけ取って、残りは周りの客に手つかずで、差し上げたりすればいいじゃん。

古川　違うんですよ。肉の味は味わいたいけど、肉のカロリーは取りたくないってことなんですよ。

宇多丸　口いっぱいに肉は頬張りたいが、太りたくはないと？

古川　そうです。カロリーは摂取したくないっていうエゴの話なんですよ。

宇多丸　なるほど、それはエゴだね〜。叶姉妹と比べると、スープを捨てるくらいなら全然許せるけどね。たしかにスープを全部飲むのも大変だしね。しかも岩手大吉さんは、自分の口から戻したスープは汚いという意識はあるわけだから、あまり低くない気すらしてきました。本当に低い人は**「自分の口から出したスープなんだから、もう一度口に入れてもよくない？」**くらいのこと言いがちじゃないですか。

古川　低い人は、口とカップをスープが3往復くらいしても平気そうですからね。

21

ロングテールで白玉《しらたま》を味《あじ》わうメソッド

私が小学校低学年のころの話です。

放課後の掃除の時間、僕は沼田君に話しかけるため、肩を叩きました。すると「あっ！」という声を上げたあと、いきなり僕に殴りかかってきました。

倒れ、わけもわからず、ただ沼田君を見ている僕に、思いもよらないことを沼田君は言いました。

「白玉飲んじゃっただろうが！」

「白玉？」聞き返す僕に続けて。

「大事に飲み込まず、取っておいたんだぞ！」

そうです。今日の給食に出てきた白玉団子を沼田君は飲み込まず、放課後まで口のどこかにキープし続け、たまに舌の上に出しちゃ感触を楽しんでいたのです。
そして、その努力を潰された怒りで私を殴る白玉への固執ぶり。いや、むしろ私が粗相をしなければどこまで口に入れていたのでしょうか？　子どもといえども、3時間も口の中で白玉を出し入れしては楽しむ、人間としてあまりに低い沼田君の意識。
その後、あまりの理不尽さに私がキレたことで殴り合いに発展し、次の日の朝礼で**「白玉はお昼にゴックン」**という標語が生まれました。

（ミッシェルガンエレファントカシマシ男）

古川　口の中に食べ物を残し続ける人っていますよね。
宇多丸　ホント？　見たことないよ。
古川　小学校のころいましたよ。「ミスター低み」こと番組ディレクターのミノワダ君も、うずらの卵を口の中でずーっと転がしていたそうです。

宇多丸　でも白玉なんか溶けちゃわないの？

古川　**唾液が絡まない頬袋のポジション**に置けば、なかなか溶けないもんですよ。で、たまに味見しては、また溶けないポジションに戻すんです。

宇多丸　そんなリスみたいに器用にできるもんなの？　この人の場合、白玉の舌触りが心地いいってことなんですかね。うまみはないわけじゃん、噛まないんだから。

古川　いつでも食べられる安心感が欲しいんじゃないですかね。それにしてもどれだけの時間、白玉を口の中にキープしていたのかが気になりますね。

宇多丸　これに限らず、小学校の給食絡みは、「低み」がいろいろありそうな感じがするね。

古川　隣のクラスまで冷凍みかんをもらいに行くみたいな浅ましいエピソード、宇多丸さん、何かありませんか？　**僕は学年中の教室に物乞いしたことありますけど。**

宇多丸　そもそもオレは給食が好きじゃなかったんですよ。とにかく給食がおいしくなかった。肉なんかゴムみたいだったし。

古川　脱脂粉乳とか？

宇多丸　脱脂粉乳は戦後しばらくだけでしょ！　ソフト麺が嫌いだったね。ミートソースなんかひどくってさ。ソースが先に皿に載っていて、その上に袋から出した麺を加えて和《あ》えて食べる方式だったの。まず、上下逆ってのもイヤだったし、ソースも絡まなくてマズいんですよ。

古川　でも、ソフト麺自体はまだありますよ。小学2年になったうちの長女いわく、クラスメイトの中でも、ソフト麺はダントツで不人気らしいですね。

宇多丸　やっぱりね！　ソフト麺なんて小学校以来食べてないのに、いま味をまざまざと思い出して、一瞬えずいてしまいました。

古川　いくらなんでも、そこまでマズい？

宇多丸　マズいよ！　でも、食べ物は大事に食べるべきなんだけどさ。残さず食べるならまだしも、マズいものをおかわりまでして、ガツガツ食べてるのを見て、低いなと思ったね。

古川　いろいろな家庭の事情とかがあるかもしれないんだから、あまり言うのもどうかと思いますよ。

宇多丸　しょーもない！

22

トイレシートの上《うえ》にはイデアがある

僕は豆腐が大好きで毎日のように晩酌で食べているのですが、ある日、ペーパータオルで豆腐の水気を完全に切り、ゆずこしょう等で食べると、どんな安い豆腐でも味が濃厚になり、お酒のアテとしてワンランク上がるということに気がつきました。

が、キッチンペーパーでは一発で豆腐の水を切るには吸水能力にとぼしく、数回繰り返しているとあっという間にゴミ箱が思春期の中学生ばりの紙の山に……。

そこで思いついたのが、友人家族が忘れていった、赤ちゃん用紙おむつ。当然未使用だし、吸水性は抜群。赤ちゃんの肌に直接触れるものなんだし、安全性は間違いないだろう。試してみたところ、すごい。**一発でカラカラ。**

これはいい発見をしたと喜んだものの、豆腐の水切りにわざわざ紙おむつを購入するほうが、ムダが多い。
現在では試行錯誤の結果、**ペット用のトイレシート**を何回かに分けて使用しています。

（ツー）

宇多丸　これは大変難しい問題提起ではないでしょうか。
古川　少なくとも衛生面では問題がないので、もはや精神的な問題ですからね。
宇多丸　正解のない問いを我々に投げかけているよね。
古川　「なぜ、いけないと断罪できるのか？」ってことですからね。
宇多丸　「清潔なんだから、いいじゃないですか！」って。古川さんは、これ、どう思います？
古川　うーん……。やはりペットトイレは、**食品を置く目的でつくられたものじゃない**という点が引っかかりますね。

宇多丸　汚いものにいっさい触れてないペットのトイレシートだとしても汚く見えてしまわないですか。なんていうか……本来置かれるべきだった、犬のウンコがうっすらと見えてきませんか。

古川　トイレシートには、常に**ファントムウンコ**が置かれていますね。

宇多丸　**いわばイデアですよ。**イデアとしての犬のウンコが、犬のウンコという概念が、ホカホカした状態でトイレシートに乗っかっているんですよ。

古川　トイレシートとしても、犬のウンコを置かれたかったわけでしょうし。ただ、水切り豆腐を早く食べたいという人間の欲望の前に、**概念としてのウンコがかき消えてしまう**というのは、僕は理解できますよ。

宇多丸　オレはやっぱり、**豆腐をトイレシートに乗せるのはダメだと思う。**理性ある人間でありたいよ。

23

コンタクトレンズは捨《す》ててはいけない

大学時代のバンドメンバーG君はソフトコンタクトレンズをゴミ箱に捨てる代わりに、**食べて処理していました。**

家に帰り、ベッドに寝転がり、コンタクトを外すそうですが、ベッドからゴミ箱が遠く、わざわざ捨てに行くのが面倒臭いため、このような習慣ができたそうです。

「ワンデーだから意外とすんなり食べられるよ」

「うーん、一番近いのは海ブドウかな」

「食べ始めて1年半くらいたつよ」

と、私の疑問に淡々と答える彼の口調から、コンタクトを食べることが異常な行動ではなく、彼にとっては当たり前のことであることがわかり、私はそこに何か、**「低さ」を超えた怖さ**を感じました。

（ぴろすけ）

宇多丸　しまおまほさんも、使用済みのコンタクトレンズを気持ち悪い処理のしかたをしてたよね。

古川　我々の間で**「壺《つぼ》捨《す》て」**と語り継がれている、あれですね。

宇多丸　しまおさんの部屋のベッドサイドには、コンタクトレンズを捨てる専用の小さな壺が置かれているそうなんですよ。そこにカラッカラになったコンタクトレンズが数百個とか入っていて、マジ気持ち悪いっていう話が**「壺捨て」**ですね。でもG君の場合は、カラッカラになったコンタクトレンズが、お腹に何百個もたまっているわけでしょ？

古川　そういうことですよね。でも、お腹の中には水分がありますから、カラッカラじゃなくてプニプニの状態かもしれませんよ。

宇多丸　お腹の中にレンズを隠し持った彼こそ、**本物のレンズマン**ですよ。『SF

新世紀レンズマン』ですよ！

古川　ちなみにディレクターのミノワダ君の友達もやっているそうですよ。コラーゲン的なものがとれるから、身体にいいぐらいの気持ちで積極的に食べているそうです。

宇多丸　ちょっと待って。ちょっと待って。「コラーゲン的なもの」とか言うけど、根本の話として**ソフトコンタクトレンズはコラーゲン**じゃないでしょ？　え。何でできているの？

古川　ざっと調べた限りは、プラスチックですね。

宇多丸　そうでしょ！　プラスチックでしょ！　**ヌルヌルして透明なものをなんでもコラーゲンとか言ってんじゃねーよ！**　というかプラスチックは、食べたら確実に身体に悪いでしょ？

古川　悪いでしょうね。いまのところ症状に出てないけど、いずれ何かを発症しますよね。

宇多丸　この放送をコンタクトレンズ会社が聞いたら、すぐに**「コンタクトレンズは絶対に食べてはいけません」**ってパッケージに書くはずですよ。

古川　でも食べる派の人は安全だと思っているわけですよね。**目に直接入れるも**

のが人体に悪いはずはないだろう?って。

宇多丸　そりゃ普通の使い方のときは、触れているだけだからね。消化するのとはまったく話が違いますよ。

古川　でも、コンタクトレンズって世の中のあらゆるもののなかでも、安全基準が一番厳しい衛生検査をクリアしているものじゃないですか?

宇多丸　だから消化は別だって!

古川　最終的にはウンコとなって下水に流れて行くんでしょうね。ヌルヌルのコンタクトレンズが。

24

カップ焼《や》きそばの固《こ》定《てい》観《かん》念《ねん》を壊《こわ》せ

同僚からモグたん[註]目撃情報が入ったので報告したいと思います。

週末の夕方、同僚のS君が帰宅しようと地下鉄に乗り込むと、**ものすごいカップ焼きそばの匂い**。紛れもなくカップ焼きそば。なんで？　どこから？　座席がところどころ空いている車内を見回すと、中学生らしき小柄な男子が円盤型の容器を抱え、麺をすすっているではありませんか。

パンやおにぎりなど、そのまま食べられるものではなく、どこかでお湯を入れて湯切りをしないと食べられないはずのカップ焼きそばを、なぜ選んだのかなどと考えていたら、中学生男子は**カップ焼きそばを食べ終わらないうちに下車してしまった**そうです。

モグたんの3分クッキングの過程は謎のままですが、**食べ切れないくらいの時間しか乗らないのに、カップ焼きそばをチョイスしている**ことも理解で

註：モグたん　路上で歩きながらや、公衆の面前で人目をはばからず食べ物を食べる行為の「タマフル」での俗称。「低み」には、このカップ焼きそばのエピソード以外にも、総武線の車内でナンをつけて食べるタイプのカレーを食べている人や、電車で毎日パック入りの豆腐を食べるおじさんの目撃談が寄せられた。

きません。少年がさらなる「低み」へと落ちる前に、ちゃんと叱《しか》ってくれる大人が現れることを願います。

（オノマトペ先輩）

宇多丸　ところ構わずご飯を食べる「モグたん」をする人って年配の人が多い印象だったんですが、**若手にも期待できるやつ**がいましたね。でも中学生男子の懐事情だと、インスタント焼きそばですら結構の出費だったよね。

古川　そうでしたね。小遣いが月に２０００円とかでしたから。

宇多丸　買い食いしたものは、もう丁寧に味わって食べていましたよ。電車で食べようとは絶対に思わなかった。いまどきは、コンビニにイートインコーナーがあるんだから、そこで食べればいいのにね。

古川　イートイン、すごく増えましたからね。

宇多丸　にもかかわらず、なぜ電車で？

古川　移動する間すら惜しむ必要が、中学男子にあるはずないですよ。中学生なんて時間は腐るほどあるじゃないですか。

宇多丸　オレの仮説としては、彼は**かっこいいと思ってやっている**んだと思うんですよ。

古川　ほう。と言うと？

宇多丸　中学生男子の行動で、我々から見て珍奇に見える行動の大半は、**「本人はかっこいいと思っている」**で説明がつくんですよ。その昔、ズボンの腰ばきが流《は》行《や》ってたころ、ケツの割れ目が完全に見えてる状態で歩いてるやつがいたんですよ。そいつの行動原理は何か？**「かっこいい」**なんですよ！

古川　なるほど。だから、彼の場合は忙しさを表現したいってことなんでしょうね。「あー忙しい！　あー忙しい!!」とアピールすることが**「かっこいい」**と思って。

宇多丸　間違いない。さらに、電車で食べる難易度がかなり高いカップ焼きそばをチョイスしているのも、**「オレなら、こんな食べづらいものも余裕だけどね」**っていう、かっこつけなんですよ。

古川　相当重症ですね。普通の電車じゃなくて、地下鉄ってのにも結構ビックリしませんか？　地下鉄の駅の中に、コンビニってあんまりないでしょ。カップ焼きそばはどこから持ち込んだんでしょう？

宇多丸　たしかに地下鉄の駅ナカでカップ焼きそばを調達して、まして調理までするのは難しいな。そうなると、**地上のコンビニで仕込んできた**としか考えられないよね。そうすると、より**「コンビニで食えよ！」**って思うよね。お湯があるし、イートインもあるし。イートインがなくたって、駐車場でウンコ座りして食べればいいわけだからね。あるいは、駅員室に行って「すんません！　カップ焼きそばをつくるんで、ちょっとお湯を貸してくれませんか？」ってお願いしたんじゃない？

古川　それは生活能力が高いね〜。

25

ラーメンの残《のこ》り汁《じる》でクリエイティブなブレックファストを

私は仕事が遅くなると、よくコンビニでカップラーメンを購入しています。

いまは様々な種類のあるカップラーメンですが、どんなカップラーメンであっても具は食べません。**なぜなら、残った汁と具で白米を炊き、翌朝の朝食とするからです。**ラーメンの残り汁と具で炊く炊き込みご飯は、朝のぼんやりした胃袋にグッときて最高です。今日一日を戦い抜く英気を養わせてくれます。

ちなみに私のオススメする「翌朝の炊き込みご飯に最高な味ランキング」は3位醤油《しょうゆ》、2位カレー、1位シーフードです。

（田舎者）

古川　**つまんねーランキング！**

宇多丸　炊き込みご飯にしてるスープ、**カップヌードルの味ばっかりじゃん。**

古川　完全に日清カップヌードルですね。

宇多丸　でもカップヌードルの上に乗ってるちっこい具をチマチマ取るのを考えると、結構面倒臭そうだね。オレの意見ですが、これはギリギリ、「低み」ではないと思いますね。貧乏くさいとは思いますけど、おいしそうですしね。ただし、条件があります。ひとりで食うんだよな？　と。なぜなら、食べ終わったカップ麺の汁の中には、てめえの唾液がベチョベチョに入っているわけですからね。だから、家族に出すとかは論外です。

古川　でも**唾液も煮沸**されますから、シェアしても大丈夫ですよ。

宇多丸　え……しゃふつ？

古川　沸騰させれば、雑菌やなんやは死ぬわけでしょ。

宇多丸　あなたね、その理屈は『ファーストフード・ネイション』という、リチャード・リンクレイターが監督した映画の中で、ハンバーガーのパティの中に大腸菌が発生したハンバーガーチェーンの重役が**「焼けば大腸菌なんて死ぬんだから、客に出しても平気でしょ！」**って言っていたのと同じですよ。一番ダメなやつですよ！

古川　その重役は何が間違っているんですか？　焼けばいいんですよ！　煮ればいいんですよ！

宇多丸　ダメなの！

古川　え、そうなの？

宇多丸　まず煮沸で菌が死ぬとか、オレにとっては関係ないんですよ。ツバが有害だからイヤだってことじゃないんだよ。不快だからイヤなんだよ。

古川　不快がどうのこうのなんて、そんなの宇多丸さん個人の問題じゃないですか。

宇多丸　じゃあ、何？　煮沸すれば問題ないんだったら、**古川さん、煮沸した小便を飲んでくださいよ！**　その煮沸の理屈だったら問題ないわけでしょ？

古川　**そりゃ時と場合ってもんがありますよ！**

宇多丸　時と場合なんて言い出したら、オレだって生きるか死ぬかって時なら、飲尿療法よろしく飲むよ！

26

カレーは長期戦略《ちょうきせんりゃく》で食《た》べろ

「低み」かどうか自分で判断できないのですが、私が独身時代に愛好したカレーの楽しみ方をお教えします。

まずは市販のカレールーで普通にカレーをつくります。自炊のカレーで1食分だけつくるのは難しいので、5食分くらいつくります。そして1食目は普通に食べます。

翌日、カレーを温める際に水を足して温めます。カレールーは薄くなりますが、**薄めのカレーとして楽しみます。**できあがりにソースをかけたりしてもおいしいです。

次に食べるときにも水を足します。さすがにルーが薄くなりすぎるので、コンソメだしを足したり、塩こしょうを加えたりして味を強化します。

その次は、麺つゆを足して和風カレーっぽく仕上げます。うどんにかけてカレーうどんにしてもおいしいです。

もうおわかりだと思いますが、この調子でカレーを食べるときに水を足していくことで、5食分のはずのカレーを7食、8食と長く楽しむことができます。ルーが薄くなる問題は、だしになるものや塩こしょうでカバーします。

最終的には様々な注《つ》ぎ足しの結果、**カレー風味ともいえないようなスープ**ができあがりますが、これは言ってみれば、**そば湯のような締めの一品。**永きにわたりカレーを楽しませてもらった**感謝の意を込めて飲み干します。**

家庭を持ったいまでは残念ながらこういったカレーの食べ方をする機会はなかなか訪れませんが、翌日のカレーに隙あらば麺つゆを足してカレーうどんを狙う日々を送っています。

（パスオット）

宇多丸　料理のプロセスで必要だとしても、**オレは料理に水を入れるのが心底イヤなんですよ。**気持ち悪いというか……。

古川　水を入れるのが気持ち悪い？　何それ？

宇多丸　その……水で薄まるというのが、気持ち悪いんですよね。

古川　だから、気持ち悪いってのは、なんなの？

宇多丸　とにかく気持ち悪いってことなんですよ！

古川　もうちょっと細かく説明してくださいよ。薄くなってテンションが下がるってこと？

宇多丸　うーん……たとえばカレーだとすると、水を入れてしまったとたんに、**食べ物としての質というか、純度というか**……まあ、何かがすごく下がるんですよ。オレの中で。

古川　じゃあ、家でインスタントコーヒーをつくって、すごく濃すぎたらどうするんですか？

宇多丸　水を足したりしたりするのは絶対にイヤですね。やっぱ気持ち悪いでしょ。水をジャバジャバ足してもさ、均等に水が混ざるとも限らないじゃないですか。そもそも、インスタントコーヒー自体も相当イヤですよ。あんなの、**ただの水に粉を溶かしただけじゃないですか**。その「**水だった件**」というのが許せないんです。

古川　でも普通のドリップするコーヒーだって、水から淹れているじゃないですか。

宇多丸　あれもイヤですよ！　許せるのは野菜とかに含まれている水分だけ。野菜の水分だけで料理するやつあるじゃん。あれしかダメ！　とくに許せないのは、鍋とかお店に食べに行って、煮詰まってきたときに、水をジャバジャバ入れるのは耐えがたいですね。薄まった味になるのが本当にイヤなんですよ。

古川　**それは、水が嫌いってことですか？**

宇多丸　水は嫌いじゃないよ。水は水でいいんだよ。

古川　久しぶりに、本当に1ミリも同意できないやつがきました。

宇多丸　そう？

27

カンファレンスを成功《せいこう》させるにはチョコレートを食《た》べなさい

大人になってもやめられない、私の「低み」エピソードです。私は仕事でよく学会やセミナーに参加するのですが、スライドを映すために照明が落とされると、どうしても眠くなってしまいます。しかし周りには多くの大人、ときには隣に同僚が座っていることもあり、眠るわけにはいきません。

過去には、自分の手の甲を爪で引っかいたり、**膝にシャーペンを刺したりして、**眠気に耐えていたのですが、30代になると傷の回復が遅く、シミが残るということが判明して以来、自傷行為はやめることにしました。

そこでいま私が行っているのは、**非常食の準備です。**

広げたノートの中心の溝にフリスクを並べ、スマホの横にあたかもストラップであるかのごとくハリボー（グミ）を置き、シャーペンの横に消しゴムと見せかけてハイチュウを置き、その隣に堂々と、さけるチーズを置きます。

そして講演が始まる直前にジャケットの両ポケットにアーモンドチョコを仕込みます。

ポイントはどれもすべて包装を取り除き、裸の状態でセットするということです。ほこりや雑菌などを心配している場合ではありません。

最近はその非常食を食べることよりも、それらをいかに周りに気がつかれずに口へ運ぶか、ポケットのアーモンドチョコが溶け出す前にどうにかして食べなければ、今日こそはチーズをさいて食べることができるかな、と、そんな緊張感によって眠気に打ち勝っています。

（ハムスタン）

古川　このメールには、**スパイみ**を感じませんか？

宇多丸　たしかにね。隠れて、密かにね。しかもいろいろ仕込んでいるというのも。

古川　スパイ的なかっこよさがあると思うんですよね。

宇多丸　え。スパイがかっこいいって？　**スパイなんてあらゆる職業の中で最も低いじゃないですか。**

古川　え。そうですか？

宇多丸　そうでしょ。人の秘密を探って、チクって、なんなら二重でチクッたりするじゃないですか。人間のクズですよ。それはそうと、お菓子を食べるにせよ、全部直《じか》で食べるんだね。

古川　**直だからこそ、逆に見つかりにくい**、みたいな、裏を読んだ戦略とも考えられますよ。「まさか、直で食べているはずがない」っていう心理を利用した。

宇多丸　そうじゃないと、さけるチーズみたいな大胆なもの食べられないか。

古川　「あの人、手元が忙《せわ》しなく動いているな」と思っても、普通、チーズをさいているとは推測しないからなんですよ。

宇多丸　オレは、アーモンドチョコを食べるくだりが好きですね。溶けてしまうっていう、タイムリミット・サスペンス要素を自らに課すのが。映画の観客だったら、**「あーー！　早く食べないと溶けちゃう～！」**ってハラハラしちゃうかもしれない。

古川　ハンス・ジマーの緊迫した音楽が流れている感じで。

宇多丸　ただ、ひとつオレが気になるのは、食べることに集中することによって、眠気を抑えられるのはいいことだと思いますよ。**でも、学会の発表が、まったく耳に入ってこなくない？**

古川　まあ、寝ていたっていいくらいの内容だから、聞かなくていいんですよ。

宇多丸　ちなみにオレは中高6年間を通じて、**「授業中寝ているんだけど、まったく寝ているとは思わせない」**寝方を完成させました。

古川　どう寝るの？

宇多丸　一番大事なことは**身体を倒さないことなんですよ。**バレないように、みんな顔を伏せたり、下向いたりするじゃないですか。寝顔を隠そうとしていることくらい、いくら教師だってお見通しなんですよ。だからこそ、裏をかいて、**顔を正面に向けてればバレないという寸法ね。**教室の後ろのほうに座っていたら、目を閉じているかどうかなんてわかりっこないですから。しかも、オレはメガネをかけていたから、目元はカムフラージュされていますね。あとのコツは寝返りをするときは、ページをめくるふりをすると、よりバレません。

古川　それはもはや、寝返りとは言いませんよ。意識あるじゃないですか。

宇多丸　体勢を変えるときに、手も一緒に動かすだけだから慣れるって。まあ要するに、身体を起こして寝る訓練をしてしまえば、**その辺の教師程度は目じゃないですね！**

古川　いいことを話していますね。学生は感心するはずですよ。

宇多丸　これをやっていても、オレはちゃんと早稲田に入っていますからね。聞いている受験生のみなさんもぜひですね、きっちりした睡眠時間を取っていただきたいと思います。それでどうかなっても、**オレは知ったこっちゃありませんけど。**

28

飽食社会《ほうしょくしゃかい》だからこそ高《たか》めたい食《しょく》の情報感度《じょうほうかんど》

友人のKさんは大学生のころ、ひとり暮らしで万年金欠、いつもお腹を空かせていたそうです。

「当時は道端におにぎりとか食べ物がよく落ちていたので拾って食べていた」と話していました。**道端にそんなに食べ物、落ちてなくない？**と聞いたら、「常にお腹が空いているから、**食べ物に対しての感度が異様に鋭くなっていたんだと思う**」というようなことを言われました。

もちろん、Kさんの周りにいた人々は彼女の行為を止めたそうですが、なぜ目の前に食べ物が落ちているのに食べてはいけないのか、当時は本気で意味がわからなかったそうで、友人と通りかかった際は、一度引き返して拾い食っていたそうです。

ちなみに、それでお腹を壊したことはなかったとのことです。

（のぐ）

宇多丸　食べ物ってそんなに落ちています？

古川　見たことないですね。もしかすると、我々は食べるものに困ったことがないから、落ちている食べ物を見つけるセンサーが発達してないのかもね。

宇多丸　とはいえ、**おにぎりですよ？**　おにぎりくらい、いくらなんでも落ちていたら気がつくと思うんですけどね。

古川　**「おむすびころりん」みたいな世界観ですよね。**落ちているおにぎりはパックに包まれた状態なのか、それとも剥き出しなのかが気になりますね。

宇多丸　パックのままだったら、そこまで食べるのに抵抗ないでしょ。包まれてるし、まあいいんじゃゃね？って食べるもん。周りが止めるくらいなんだから、やっぱ**剥き身じゃないの？**

古川　剥き身で落としたら、米はかなり粘着質だし、砂とかベッチャリつきそうですね。さすがに食べられないわ。

宇多丸　かつてオレも、おにぎり落としたことありますよ。コンビニのおにぎりの「1、2、3」って手順が書かれているパックって、なかなかうまくいかないじゃないですか。

古川　最後に、縦にシュッとやるタイプですね。

宇多丸　慣れてなかったんでしょうね……シュッと取り出そうとしたら、おにぎり本体をボチョッと落としちゃいましたね。飽食ニッポンに骨の髄まで浸かっているオレは、当然食べようとは思わなかったけど、「なら私、食べるわ！」って、拾って食べる人もいるってことなんですね。

古川　農家の方が手間隙かけてつくったお米ですから、食べたほうが偉いといえば偉いですしね。

宇多丸　バブルを境に、日本人は食べ物を大事にしなくなってしまいましたね。

古川　あのころは、「アタシ、この味嫌い、ポイッ」なんて時代でしたよ。

宇多丸　「マズい〜！　ポイッ！」ってね。罰当たりますよ。景気がよきゃいいってもんじゃない。

29

食材《しょくざい》はチャーハンの中《なか》にワンストップ

牛丼屋の紅しょうが、弁当屋のごま塩、ファミレスのちっちゃいミルクなど、使いもしないのに2、3個多めに持って帰ります。使い道などあるはずもなく、**とりあえず全部チャーハンにぶち込みます。**節約が目的なので、ほかに具は入れません。味ですが、焼き肉のたれを多めに入れることで、なんとなく食べられるかも、というレベルに持っていくことができました。宇多丸さん、これって低いでしょうか？

（ふろしき大根）

宇多丸　低いんじゃなくて、貧しいね。

古川　「低み」と「貧しみ」が直接つながった例ですね。

宇多丸　いやいや、つながってないですよ。低いってのは精神のありようだけど、これは貧乏じゃないですか、単なる。貧乏が生んだ、苦し紛れの知恵じゃないですか。

古川　知恵でござい、みたいな感じだけど、結局焼き肉のたれの味つけで誤魔化《ごまか》しているだけなのも、あまりクリエイティブとは言えませんしね。

宇多丸　よく考えてみると、紅しょうがは具と言えないこともないけど、ごま塩ってただの調味料だよね。あと「ちっちゃいミルク」もチャーハンにぶち込むの？　あれってちょっぴり甘みがあるやつじゃないの？

古川　しっかり、甘みがありますよ。

宇多丸　ですよね、あれもぶち込むってこと？

古川　ぶち込むんでしょうね。

宇多丸　あれをためて一杯のミルクにしたりもしているのかな……。

古川　いつか牛乳として飲んでやろうとコツコツためてね。

宇多丸　ちっちゃいミルクが実質牛乳なら、**紅しょうがは実質野菜か。**

古川　え？　野菜？

宇多丸　野菜でしょ。しょうがが野菜なんだから。

古川　しょうがって、野菜なのかなあ……。納得いかないな……。

宇多丸　紅しょうがの赤い色の元[註]は、ウニョウニョした赤い虫なんですよね。

古川　いまは合成着色料ですね。

宇多丸　だから動物性タンパク質でもあるってわけですよ。野菜にタンパク質が入っていれば栄養バランスはいいかもしれませんね。まあ、焼き肉のたれだけで味つけしているとなると、塩分がちょっと心配ですが。

古川　とはいえ、この人はチャーハンの概念が雑ですよね。

宇多丸　でもさ、チャーハンのつくり方が明確になる前の、**焼き飯ってこんなもの**だったよね。適当な具とご飯を炒《いた》めたらそこそこうまいだろう、っていう雑な料理だったじゃん。あと、お好み焼きも似たようなもんだとオレは思うけど。何を入れても、小麦粉で固めて、ソースをぶっかければなんとかなるだろう！って食べ物じゃん。

註：紅しょうがの赤い色の元　カイガラムシを原料としていたコチニール色素で着色された紅しょうがは、かつては存在していたが、現在においては、ほとんどの市販品はタールや石油を原料とした赤色１０２号という合成着色料に置き換えられている。

古川　「お好み」焼きですもんね。

宇多丸　「お好み」っていうか、**「残りもん」焼きじゃん。**本来は絶対に。

古川　よかれと思って言い換えたんだろうね。

宇多丸　そういう効果ありますよね、なんでもござれ感とか、なんでもいいじゃん感とか。

古川　「とりあえず食えるっしょ」って強引な感じがね。焼き飯とお好み焼きは「低み」な人間のソウルフードですよ。

30

炭酸水《たんさんすい》だけでお腹《なか》の中《なか》のごちそうを2度楽《どたの》しめる

会社の後輩のT君の話です。彼は、昼食の帰りにコンビニで炭酸水を買うことがあります。帰ってくると、すぐその炭酸水を飲み、ゲフゲフとこもったようなゲップをしています。

聞くと、「うまいカレーとか、いいだしの利いたラーメンを食べたりしたあと、こうして、もう一度、**その香りや味を楽しんでいるんだ。**コーラとかそれ自体に味や香りがあるやつだと混ざるから、炭酸水がいいんだよ。**本当は炭酸水なしのほうが、濃くていいんだけどね**」とのこと。

ほかの同僚や上司から、「きたねぇ」とか「牛かよ！」とさげすまれていましたが、本人は何食わぬ顔でした。

（ぴの山）

宇多丸　ゲップをするために炭酸水を飲んで、フレーバーをもう1回味わうの？　文句なしに低いね。そういえば、カレー好きのダースレイダーさんも似たことを言っていましたよ。カレーを食べ終わったあと、口直しで消しちゃうのはもったいない、ずっとカレーの味を口に残していたい、って。オレ、その感覚がマジわからないんですよ。どんなにうまいものを食べたあとでも、食い終わったら速攻で口の周りの食べ物の匂いを消したいんですよ。とくに濃いチーズとか、すごく匂いがあるじゃん。余韻というか……**バイブスが残ってるとき、あるじゃん？**　いくら洗ってもバイブスが残っているのが、ホントにイヤで。1秒でも早く、ブファー！って歯を磨きたいくらいですよ。

古川　食に対しての宇多丸さんの、バイブスが足りてないだけかもしれませんよ。

宇多丸　そんなことないって。**食に対してはバイブス満タン**だけど、残りバイブスがイヤなの。古川さんは、残り味はいかがです？　しかもバイブスは口だけじゃないんだよ。にんにくを食べたあとは、**おならにバイブスが混じっているよね？**

古川　屁《へ》にはバイブス混入しますね。

宇多丸　匂いもウンチ寄りじゃなく、むしろ食べ物的な匂いなんだよね。あれが来ると**「おいしそうな匂いだな」**ってテンションが上がりますね。

古川　汚い話ついでに言うと、**尿もバイブスを引き連れてくることありますよね？**

宇多丸　尿？　もし甘い匂いがするおしっこが出るようでしたら、**古川さん、糖尿ですよ。**

古川　いや、どっちかというとスパイスっぽい尿ですね。

宇多丸　スパイスは来たことないな。

古川　僕はガンガン来るんですよ。

宇多丸　真剣にそれ、病気なんじゃないの？　糖尿病ならぬ、**香辛料尿病**とか、いずれ命名される病気の可能性ありますよ。

31

チームワークでカップ麺《めん》ランチをマネジメント

私の大学の研究室には、小さな湯沸かしポットしかなくて、昼になるとカップ麺をつくりたい学生が集まり、争奪戦になってしまいます。しかし私のナイスなアイデアのおかげで、ある日を境にぴったり争いがやみました。

まずカップ焼きそばにお湯を注ぎます。3分待ちます。**次のカップ焼きそばに湯切りします。**3分待ちます。**最後にカップ麺に湯切りをします。**この方法を研究室内では「湯切りリレー」と呼びます。

少し歯ごたえはありますが十分食べられます。**最高五つまで可能でした。**こんなエコな「低み」、みなさんもお試しあれ！

（さいきっく）

宇多丸　ついに、もったいない精神で惜しむのが、物質ですらなくなって、**エネルギーですよ。**熱エネルギーを有効に消費しようということですからね。

古川　いくつものカップ焼きそばをふやかしたお湯でつくられた、最後のカップ麺の味はどんなもんなんでしょうね。

宇多丸　まあ好意的に解釈すれば、ただ沸かしただけのお湯よりも、カップ焼きそばから染み出したコクとか、**小麦粉み**とか、なんらかの**「み」**が加わって、わりとおいしい可能性ありますよ。ただ、この「最高五つまで可能でした」ってことは、つまり六つ目で失敗したことがあるんだろうね。カップ麺を食ってみたら**「バリバリバリバリ！」**ってなったんだろうね。

古川　3分ふやかすのを、5回やったら15分もたつんだし、ほぼぬるま湯になっていますから当然ですよ。

宇多丸　でも、シリアルは、固いものに冷たい液体をかけてふやかして食べるものじゃん。だからラーメンだって別にお湯じゃなくたって、ふやけるでしょ。

古川　時間はかかるけど、ふやけますよ。

宇多丸　ならＯＫじゃん！　そういえば以前、災害でガスが使えないときは、水でもカップ麺はつくれるよってテレビで紹介していましたね。

古川　なんならいまから水戻しカップ麺をつくってあげましょうか？

宇多丸　食べたいわけじゃないよ！　**絶対においしくはないでしょ。**

32

地《ち》球《きゅう》環《かん》境《きょう》を究《きゅう》極《きょく》に考《かんが》えたテーブルマナー

今月からひとり暮らしが始まった僕の「低み」習慣です。皿洗いをするのが面倒なので茹《ゆ》でた野菜を皿に移さず、そのまま頬張ります。そして**醤油をピュッと口の中に垂らして**食べています。**地球に優しい習慣**ですが、醤油を入れすぎると喉が焼けるような思いをするのが難点です。

（ラーメン三浪）

宇多丸　いわゆる**口皿**ってやつですね。でもさ、ヤケドしちゃうよね。口の皮べ口べ口になりながら食べてんのかなぁ……。

しまお　でも、耐性ができているかもしれませんよ。ヤケドするたびに皮膚も厚くなるでしょ。

宇多丸　たしかに、洗い物を減らしたいって気持ちは誰しも持っているよね。とくにベトベトしたものを、シンクに流したくないじゃん。オレはベトベトを紙で拭ってから、洗っていますよ。

しまお　禅のお寺だと、洗剤で食器を洗う代わりに、食べ終わったお茶碗《ちゃわん》についたカスを、たくあんを使ってこそげ落としてきれいにしたりしますよね。

宇多丸　本当に地球環境を突き詰めて考えると、洗剤は使わないほうがいいからね。**皿をベロベロ舐めてカスというカスを取り切って**、最小限の水で洗うのが間違いなく一番いい。でももし、しまおさんと一緒にご飯食べに行って、地球環境にいいからって皿をベロベロ舐めていたら、すげぇ低いやつ呼ばわりするでしょ？

しまお　まあね。

宇多丸　ベロベロ皿を舐めるのと、口皿はどっちが低いと思います？

しまお　うーん……。まあひとりだったら、どっちもアリかな。「低み」の「一人きりでの楽しみ」みたいな側面が、わたしは結構好きなんですよ。ちょっと楽しそうだなと思うときもあるし。ひとりだから、いろいろ自由を謳歌《おうか》できるというか。

33

給食時間《きゅうしょくじかん》に女子《じょし》の視線《しせん》を独占《どくせん》するモテ・テクニック

宇多丸さん、こんばんは。このコーナーで散見される大人たちの「低み」は、おしなべて社会に対する「無頓着」が原因のような気がしますが、子どものときは反対に、「見栄」を張りたがるからこそ「低み」が生じていたように思います。

僕は小学生のころ、**「モテないけれど、かっこつけていたい」**と願う、極めて意識の高い子どもでした。たとえば、わざと机やイスを倒して盛大に転んでから、**「オレ、こういうの全然痛くないから」**と女子たちの顔をチラ見しながら口元を拭ったりする、そういうタイプです。

ある日、担任の先生の気まぐれによってランダムな席替えが行われた結果、密かに好意を寄せていたM子ちゃんが僕の隣になりました。グッと距離が近づいただけではなく、なんと給食の時間には、好きな人と顔を突き合わせて食事をすることになるのです。これは願ってもない「かっこつけ」のチャンスではないか、とドキドキしながら、早速、給食の時間にブチかましてやりました。

「オレ、牛乳飲むの速いんだよね」

出ました、僕のキラーフレーズです。友達のお母さんにも驚かれた実績のある、考えうる限り最も男らしいアピールでしたが、M子ちゃんは興味なさそうに、黙々とスパゲティを巻いています。

なるほど、実践でわからせてやるしかないな、と、僕は牛乳パックにストローを挿し込み、M子ちゃんに頼みました。**「ヨーイドンって言ったら、この牛乳パック、力いっぱい潰してくれていいから」**

するとM子ちゃんは心底困った表情をして、隣の女子と顔を見合わせました。

「えー、そんなことできないよ」

僕としても引き下がるわけにはいきません。

「手伝ってくれたら、明日の牛乳あげるし」とあまり得にもなっていない取引を持ちかけたことで不憫《ふびん》に思われたのか、彼女はしぶしぶ、僕の牛乳に手を添えてくれました。

「でも本当に潰しちゃっていいの？」

不安げな彼女に、僕は自信満々にうなずきました。女子の力なんてたかが知れています。

そして「ヨーイドン」の掛け声と同時に、勢いよくストローを吸い込みました。

ここからは、お察しのとおりです。M子ちゃんのパックを握りつぶす力は常軌を逸していて、ストローから鉄砲水のごとく口内に牛乳が流れ込んできたと思いきや、次の瞬間にはもう、**僕は大量の牛乳をスプリンクラーのようにまき散らしていました。**目の前に座っていたM子ちゃんは牛乳のシャワーをダイレクトに浴び、しかし泣くでも怒るでもなく、ひたすら放心状態でした。

その日から、僕はM子ちゃんと会話をすることもなく、牛乳とも和解できないまま大人になってしまいました。いまではあのころの見栄っ張りは消え失せ、毛玉だらけのスウェットでスーパーに行けるほど周囲に無頓着な、低い大人になっています。

（西山コタツ）

宇多丸　早飲みが男らしいという風潮はオレのころもあったけど、相手に押させるって、なかなか聞いたことないね。
しまお　できたらかっこいいよね。
宇多丸　かっこいいかぁ？
しまお　できたらね。少なくともビックリはするじゃないですか。モテるかどうかはわかりませんけど。わたしもかっこつけがちなタイプでしたね。中学生のときにタバコを吸っているふりをしたくて、**家に帰ると制服を蚊取り線香で燻《いぶ》していたん**ですよ。煙臭くして、タバコを吸っているふうにしたかったんで。
宇多丸　「しまお、タバコ吸ってるんじゃない？」って噂されるために？
しまお　学校では別に不良っぽくないのに、実はタバコを吸っているってかっこよくないですか？　結局、誰にも噂されることはなく、**単に線香臭い女**になっちゃったけど。宇多丸さんは、かっこつけしてないの？

宇多丸　高校のころは、クラブで遊んでいるアピールをするために、クラブに入場するときに手に押されるスタンプを洗い落とさないまま学校に行ったりしていたかも。

しまお　それ、かっこつけじゃないじゃん。高校生でクラブに行っている時点でイケてるもん。

宇多丸　そこはリアルだからね。だからこそ過剰にアピールして、「クラブ行ってんのバレたらヤベェよ～！　スタンプ見られたら超ヤベェよ！」とか同級生に見せて回っていたね。

しまお　それはダッッッサい！

第二章 君たちはどう食べるか

学校は「低み」の温床

宇多丸　ランドセルの中にこぼしちゃった牛乳を飲む話（P70）みたいな、幼児期ゆえの「低み」って食事に関してはとくに多いよね。

古川　給食なんて、食べ物の量が決まってる分、低みの温床になりがちですから。僕も隣の教室に、**物乞いみたいに冷凍ミカンをもらいに行ったり**してましたよ。

宇多丸　そもそもガキは食事のときに行儀よく食べないし、それどころか食べ物で遊んだりしますからね。給食の残りを取っておいて腐らせたりしてたやつとか多かったじゃん。

古川　カバンの下にパンを入れておいたらカビだらけになってたとかね。

ミノワダ　僕の小学校だと、周りの友達たちは**休み時間に虫をガンガン食ってましたね。**

古川　ん？　『マッドマックス　怒りのデス・ロード』でニュークスがカナブン食べてたみたいな感じ？

ミノワダ　**いや、メインはアリでしたね。**アリは蟻酸《ぎさん》が含まれてて酸っぱくておいしいらしくて、スッパムーチョを食べる感覚でアリを食ってましたよ。

古川　南方に行った日本兵みたいだな。

ミノワダ　さすがに僕は食べなかったけど、周りが「オマエもなんか食えよ！」ってすすめてくるから、**仕方なくその辺の葉っぱを食ってました。**友達がアリ食って、僕は葉っぱ食って。「これはうまい」「これは微妙」みたいな、**「草食べログ」**が毎昼休みに更新されてましたよ。

宇多丸　子どもはなんでも食っちゃうからね。オレもつつじの蜜くらいは吸ってたし。

古川　アリは？

宇多丸　食うはずないじゃん。けど、アリくらいはいままでもガキは平気で食べてるんじゃないの？　泥食ったり石食ったりしてるやつだっていたもん。子どもは元来、口の

中になんでも入れがちなんでしょ？

古川　そりゃ赤ん坊はなんでも口に入れるけど、小学生は違うって。小学生は明確な意思を持って食ってるわけじゃん。

ミノワダ　確実に意思を持ってましたね。駄菓子屋に行きたいけどお金がないときなんか、**代替食としてアリの巣を探してたわけですから。**そのアリクイ小僧もいまは元気に海外で暮らしてますよ。

料理に水を入れてはならない

古川　宇多丸さんが水で薄めるのが嫌いって話（P105）が、いまでも腑《ふ》に落ちないんですよ。

宇多丸　え〜。わかんないかなぁ？　要するにさ、カレーとかつくってるときに、最初に具材を炒めていい塩梅《あんばい》に煮詰まって濃くなってくるとうれしいじゃないですか。そのいい感じに仕上がったところに、**水をジャバー！って入れるのが萎える**って話なんですよ。すごくがっかりする。

古川　別にがっかりしないけどな。

ミノワダ　ああ、料理のプロセスでさえイヤってことなんですね。店で注文したかけ蕎麦《そば》のつゆが濃いから、薄めるためにお湯を足すのがイヤだ、みたいな話だと思ってました。

宇多丸　そんなのはイヤに決まってんじゃん。オレのはもっと根深いのよ。

古川　あるあるネタみたいな口調でヘンなこと言うなよ。

ミノワダ　でも、完成した料理にお湯を入れるのがイヤだっていうなら理解できるけど、料理のプロセスでさえ水を入れるのがイヤだと言われたら、もう何もできなくないですか？

宇多丸　**実際そうなんだよね。**まあ、見てないところで水を使うくらいなら許せるけど。オレはだって、カレーつくるときもなるべく水を使わないように、水気が欲しいときはトマトジュースを入れたりしてつくってますよ。できるだけ材料の水分だけでつくれたほうがベストだから。

古川　たしかにそのほうがおいしそうな感じはあるけどさ。

宇多丸　そもそも水ってさ、**いままでつくってきたものと**

なんの関係もなくない？

古川　おっと？

宇多丸　要するにね、カレーをつくるときは、玉ねぎだとかお肉だとかを何十分も炒めていい感じにするわけじゃん。そこに水をリットル単位で入れるわけじゃん。そしたら突然入ってきた水がいきなり主成分になってしまうわけですよ。いままでこっちが育ててきた玉ねぎたちは脇役になって。

古川　じゃあ味噌汁《みそしる》とかどう思ってんの？

宇多丸　あれは別にいいんじゃないですか。

古川　なんだよ。味噌汁は主成分が水だよ。

ミノワダ　いや、それは理屈が違いますよ。味噌汁は「水をinする」んじゃなくて、**味噌を「水にin」**するわけですよ。序列が逆です。

宇多丸　たしかにそのとおりだ。あとから薄めるんじゃなくて、逆に水に味噌なり野菜なり入れて濃くしていくんだからね。そういう意味で言えば、水に昆布だしとか鶏肉を入れる水炊き系も全然気持ち悪くないのよ。問題は濃いところに水入れたって、**絶対にプラスにはならない**ってことなんですよ。希釈にしかならないじゃん。

ミノワダ　でも、鍋食べててつゆが足りなくなったらどうします？

宇多丸　そこは何かしらだし的なものを入れようよ。注ぎ足し用に普通の水を持ってくるような店があったら、内心、「なんだ、この店！」って思いますね。水みたいな、**文脈がないやつ**がズカズカ入ってくるのが本当にイヤなの。

古川　レシピに必要なものなんだから、文脈とか関係なく、それはいるもんなんだよ。

宇多丸　だって水道水だよ？　産地にこだわったいい肉だの、新鮮な野菜だの選《よ》りすぐった文脈と、家の蛇口をひねれば出てくる水道水は交わらないでしょ。**クオリティラインが違いすぎる。**

古川　この水嫌いは深刻ですよ。

宇多丸　いやマジで。オレには水薄めトラウマがあるんですよ。みなさんご存じのように、オレ、子どものころから大好きな「デリー」というカレー屋があって、家でつくる用のパックを出してるんですよ。味的には、店で食べるのと寸分変わらない完璧なカレーなの。で、高校のころかな。

母親がそのカシミールカレーを買ってきて、夕食にしてくれたのね。「やった〜！」って意気揚々とダイニングテーブルに座り、一口食べると、**薄い……**。店はこんな味じゃなかったから、母親に「もしかして水足してないよね⁉」って問い詰めたら、案の定、水入れてるの。そのときは**「つくり方の説明に水入れんなって書いてあんだろ！」**って怒りましたね。あのときのカレーは人生で一番マズかったわ……。だから水を入れるたびに、あのときのシャバシャバカシミールが蘇《よみがえ》ってくるのよ。

ミノワダ　まあそれはわかりますけどね。でも、普通の料理だったら、水を入れてるところを見てなきゃいいんですよね？　結果的においしかったら。

宇多丸　まあね。

古川　あと、たとえばどこぞのミネラルウォーターみたいな、こだわり感のある水ならちょっとはマシになる？

宇多丸　まだね。

古川　そういえば、「インスタントコーヒーですら相当イヤだ」とも言ってたよね。

宇多丸　だってそりゃ、水に粉を溶かしただけなんだもん。

古川　いっぱいあるわ。ポカリスエットだってお茶だって。

宇多丸　イヤだよ。カルピスだって薄めずに原液で飲みたいくらいだね、オレは。

古川　水道水が嫌いな人っているじゃん。そういうタイプなの？

宇多丸　いやいや！　違うって。東京の水道水は相当安全でおいしいって話じゃん。がぶがぶ飲んでるよ。

古川　もういいや。めんどくせえ。（P195へ続く）

SECTION 03

［エコロジー・ハック］

ECOLOGY HACK

地球のため、そしてみんなのため。
サスティナブルでクリーンな社会を目指す私たちができる、冴えたやり方。

34

噛《か》み終《お》わったガムを使《つか》った意外《いがい》な掃除法《そうじほう》

僕は、噛み終わったガムを使ってフローリングの掃除をします。あと、へそのごま掃除の仕上げに使うこともあります。

世間的に低い行為なのは自覚していますが、僕はノンシュガーのキシリトールガムしか食べないので、**そこまで低くないと思っています。**

（長風呂お兄ちゃん）

宇多丸　ガムを練り消しみたいに使っているのかな？

古川　そういうことでしょうね。ほこりとか髪の毛くらいだったら、たしかに吸着しそうですね。

宇多丸　結構固い系のガムじゃないとダメだよね。フーセンガムみたいな、ヌチャ系が強いのを床に貼りつけたら大変なことになりますよ。

古川　全部へばりついて取れなくなっちゃうね。

宇多丸　そうそう。どんなガムでも床の掃除になるとか言い出したら、床にガムを吐く不届き者が掃除をしているってことになっちゃうからね。床にガムを吐き出す人間は、そういうこと言い出しかねないじゃん。「逆にエコなんですけど？」みたいにさ。

古川　**「低み」の頻出ワード。**

宇多丸　まだ見かけるよね。道にガム吐いているやつ。

古川　まだまだ出くわしますね。

宇多丸　これはオレのあくまで個人的な感情ですよ。法律とかいっさい関係なく、単なる感情ですよ……**そういうやつは死刑でいいです！**

古川　感情で法律を決めてはいけない、という好例がいまわかりました。

35

未来《みらい》の自分《じぶん》への投資術《とうしじゅつ》

ちょっと低いかもしれない私の行いについてお話しさせてください。

私は昔から部屋の片づけが嫌いで、小さいころは文字どおり足の踏み場もない状態の部屋で常に暮らしていました。

ある日、親に言われていやいや部屋を片づけていると、紙くずや脱ぎっぱなしの服の下から小銭が出てきました。そうか、全然楽しくないお片づけでも思わずうれしいこともあるんだ、と私は気づきました。**そしてこのうれしい状況を人工的につくりだすことにしました。**

部屋がいい具合に散らかったら、部屋の入り口に立ち、**節分の豆まきのごとく小銭を投げ散らかすのです。**そしてまたその小銭がどこに落ちているか忘れたころに、親に言われていやいや片づけをして、**小銭発見。**私は当時この行いを**「未来の自分への投資」**と呼んでいました。

最近、このことを思い出して、たまたまポケットに入っていた小銭を開けっ放しの洋服ダンスに投げ入れてみました。未来が楽しみです。

（たならんぴぃ）

宇多丸　生活の知恵っちゃ知恵ですよね。家事を楽しくしよう、というわけですからね。

古川　でも部屋にまいた小銭の位置を、きれいさっぱり忘れられるもんですかね。お金だけ見つけて掃除しないってことになりそうですけどね。

宇多丸　でも、突然金が見つかると超うれしいよね。しばらく着てなかったジャケットのポケットから1万円が出てきたりすると、「やったぁ！！」って大喜びしますからね。

古川　通称**「金増え」**ですね。

宇多丸　あ、ライムスター用語でいうところの**「金増え」**はまたちょっと違うんですよ。メンバーで旅行に行ったときに、ちょっとしたメシ代なんかを、ひとりがカードでまとめて払ってから、みんなから現金を徴収すると、**お金が増えた気がする**っていうのが「金増え」なんですよ。手元には現ナマが増えるけど、結局金が増えたわけではないっていう。この部屋にばらまくのも「未来の自分への投資」って言ってるけど、あとから出てくるだけであって、増えてるわけじゃないじゃないですか。マインド・トリックですね。

36

デリヘルの会員証《かいいんしょう》は落《お》とし物防止《ものぼうし》の最強《さいきょう》ツール

同僚のT君は、会社の手帳のカードポケットに**デリヘルの会員証**を入れているのだそうです。

手帳を落としてしまうと大変なことになる、という緊張感を持たせ、落とさないためなんだそうですが、どう考えてもリスクとリターンが釣り合ってない気がします。

（wa）

宇多丸　すごくリスクを高めることによってリスクヘッジをするって、どっちかがミサイルを撃ったらお互い全滅しちゃう核抑止みたいなことですよね。でも、実際にこの手の工夫《くふう》、やっている人いますよね。

古川　リスクフェチって人も、この世にいますからね。

宇多丸　「低み」とは若干違うよね。なんて言えばいいんだろう。

古川　**変態?**

宇多丸　ですね。これは「低み」じゃないですね。何かが逆に高い。

37

ミニマリスト・クッキング

父が定年後、実家の食器洗いを担当すると聞いたときは、「家事なんて何もしなかった父が、変わるものだなぁ」と感心したものでした。

しばらくして、母との電話で何気なく「お父さんの食器洗い、続いてる?」と聞くと、母は**「続いてることは続いてるけど……」**と、父の現状を教えてくれました。

以前はおいしいものに目のなかった父が、いまでは料理など二の次で、**皿数が少なければ少ないほど喜び**、多いとたんに機嫌が悪くなるとのこと。その結果、冬は鍋料理、夏はそうめん、もしくはカレー等のワンプレートメニューばかりが食卓に並ぶようになってしまったとのことでした。

その後、久しぶりに実家で食事をしたとき、正面に座る父の姿に違和感を覚えました。右手にスプーンを持ってカレーを食べながら左手には箸を握りしめているのです。**「どうして箸を置かないの？」**と尋ねると、父は眉間にしわを寄せ、何も答えずカレーを食べ続けます。すると、無言の父に代わって、母が「洗い物を減らすためですって」と答えました。

「え？」話がよく見えません。母は心底うんざりした様子で、**「こうすれば、箸置き、洗わなくて済むんですって！」**と吐き捨てるように言いました。

父は眉間のしわをさらに深くし、**「この件に関しては何も語らない」**という様子で、無言のまま右手のスプーンと左手のお箸を持ち替え、つけ合わせのおかずを食べ始めました。

その様子を見ながら私が「なんか、箸置きを使うのが申し訳なくなってきた」と言うと、**「箸置きくらいで申し訳なくならなくていいんだ」**と、ようやく口を開いた父は、なぜか器の大きい人間であるかのような言い方で答えました。

（母をたずねて三センチ）

宇多丸　出だしからイヤな予感はしていましたよ。なんですか、このお父さんの偉そうな感じは。年配で、人生のひと仕事をひとまずやり遂げた男は、偉そうな感じが抜けない傾向にありますけど、どうしてなんでしょうね。

古川　しかもこのお父さんの場合、偉そうなまま、一気に「低み」のドツボに落ちていくというのが珍しいですよ。

宇多丸　偉そうな感じが低さを際立たせているからね。お母さんは何十年、皿洗いをやり続けてきたのに、ちょっと自分が洗うようになったら、こうもワガママになるとは。

古川　きっといままでは、その箸置きも平気で洗わせていたでしょうに。

宇多丸　「おいしいものに目がなかった」というお父さんは、かつては食卓の品数が少なかったら機嫌が悪くなったりするタイプでしょ。こんなの絶対。

古川　**「ちょっとしたものを小皿で出さんかい！」**なんて言っていたはずですよ。

宇多丸　その挙げ句ですよ。箸置きなんて汚れもつかないし、キュキュッとすぐ洗えちゃうのにさ。

古川　両手で箸とスプーンを持って食べる不便さに比べたら、箸置きを洗う労力なんて微々たるものじゃないですか。メリットとデメリットが釣り合ってないですよ。とはいえ、投稿者さんは呆れつつも心底軽蔑まではしていないようで、どこか微笑《ほほえ》ましいですね。

38

歯《は》ブラシは1本《ぽん》という常識《じょうしき》を壊《こわ》せば イノベーションが起《お》きる

うちの父は歯磨きの際、右手左手それぞれ2本ずつ、**計4本の歯ブラシ**を、人差し指と中指、薬指と小指の間に挟む形で歯を磨いています。

その姿はまさに**ウルヴァリン**。拳から出るアダマンチウムの爪を出し、敵に立ち向かうがごとく腕をクロスし、シャカシャカ歯を磨いています。

父は、**「これで左右上下の歯が効率よく磨けるんだ」**と言っていますが、**毎度歯ブラシが血だらけ**です。ローガンの場合は敵の返り血ですが、父は荒く歯ブラシしているため、歯茎が傷ついた結果の自分の血です。

最近、フィリップスの最高級の電動歯ブラシをプレゼントしたのですが、

今日も電動歯ブラシを確認したら血だらけでした。

（ロバート・マッコール）

宇多丸　「効率よく磨けるんだ」って言っているけど、絶対に効率的じゃないよね。というか、まず、**口の中に４本も歯ブラシ**、入らないでしょ。

古川　仮に４本入ったところで磨けるものなのか。口の中がブラシでギュウギュウで動かせなくない？

宇多丸　磨くたびに毎回血だらけになるんなら、せめて毛が柔らかい歯ブラシを選ぶとかさ、そういう知恵はないんですかね。

古川　やっぱり硬めが好きなんじゃないんですか？

宇多丸　そもそもさ、腕をクロスしたローガンポーズで磨くと、前歯付近を絶対に磨き残すよね。

古川　真っ茶色でしょうね、前歯だけね。

39

納豆《なっとう》に発見《はっけん》したニューバリュー

大学のゼミが一緒のI君は、真面目で授業態度もよく、話も軽快でおもしろい、とてもいい友人でした。ですが、事件が起こったのは夏休みにゼミで山梨に合宿に行ったときのことです。

合宿3日目の朝、朝食を食べて自室でひと休みしたあと、歯を磨こうと洗面所へ向かいました。すると、洗面所にI君の姿が。I君はひげ剃りでひげを剃っていたのですが、洗面所にはジェルや石鹸《せっけん》等は見当たりません。

「水でひげ剃ってるの？　シェービングフォーム、貸そうか？」と話しかけると、I君から衝撃的なひとことが。

「朝、納豆出たでしょ？　そのまま口の水をつけると、いい感じでヌルヌルするから、**それで剃っているんだ。**ハハハ」

僕は正直、耳を疑いましたが、いつもの軽快な語り口で「ハハハ」と笑われた日には、僕も「なるほど、ハハハ」と返すしかありませんでした……。

（低空飛行）

宇多丸　納豆を食べたあとに残る、口周りのネバネバなんて、あんなの**一刻も早くビシャビシャと洗って落としたいですよ**。そんなイヤなネバネバを伸ばしてって、考えただけで気持ち悪いわぁ……。

古川　I君はどのタイミングで「あれ、この納豆のネバネバ、ひげを剃るのにちょうどよくない？」って思いつくもんなんでしょう。いやはや、しかしこれはいい**「エコ低み」**ですね。

宇多丸　間違いなくエコだよね。I君は地球にも優しいし、周りの人間にも優しそうな、人格卑しからぬ人物な感じがしますよね。

古川　ナイスガイな雰囲気ありますね。しかもネバネバでひげを剃るなんてアイデアをひねり出すわけだから、**機転が利くナイスガイ**ってことですからね。剃るときの納豆の匂いは、さぞかし強烈でしょうけど。

宇多丸　鼻の下なんて、一番匂いが来ますからね。そもそも、ネバネバで剃れるかが気になってきたんで、今度、納豆を食べたときにオレも試してみようと思います。

40

便座《べんざ》クリーナーのオルタナティヴな使《つか》い方《かた》

ショッピングモールや映画館などの比較的きれいめのトイレのトイレットペーパーの隣についている便座クリーナー、ありますよね？

私はトイレの大のほうに入ったときにそれがあると必ず**スマホにひと吹き**して、画面を拭きます。指紋や脂のついたスマホの画面がこれでピカピカになりますし、除菌もされてとても衛生的だと思います。

みなさんも試してみてください。

（焼売太郎）

宇多丸　最後が「試してみて」ってなんですか。焼売太郎さんのこの文面に、自分の行為が低いと自覚しているニュアンスがいっさい入ってないよね。

古川　「低み自意識」がまったく入ってないです。

宇多丸　なぜ、「低み自意識」を持ってない人が、わざわざ「低み」にメールを送ってくるんだろう。

古川　我々からは低いと言われるだろうけど、彼の中ではまったく問題ないという、抵抗意識の表れなんでしょうか。

宇多丸　でも**「便所に置いてあるもの問題」**というのは根深いですよね。便所に置いてあるトイレットペーパーで、鼻をかんだり、顔を拭いたりするのが無理だって人、結構いるじゃないですか。

古川　鼻をかむのはともかく、顔を拭くのは僕も抵抗ありますよ。

宇多丸　抵抗ある側ですか。ちなみに我々がいまいる、このTBSビルには、備えつけの手を拭く用の紙がないんですよ。

古川　なくて本当に困りますよ。つい最近、ジェットタオルが導入されましたけど。

宇多丸　オレはジェットタオルこそ不潔だと思うんですけどね。ジェットタオルの下に水がたまるじゃないですか。そのたまり水が、ジェットの空気で舞い上がって、飛沫《ひまつ》が飛んできたりするのが大嫌いなんですよ。

古川　ちょいちょい飛んできますよね。

宇多丸　出どころが誰かわからない水滴がかかるって、これこそ不潔じゃないですか。

古川　ん？　あれ？　あの水滴は自分の手のひらに付着していた水滴じゃないんですか？

宇多丸　いやいや！　もともと下にたまっていた水でしょ！　そこまでオレの手が濡《ぬ》れてないときだって、水滴がかかったりもするんだから、**確実にたまり水でしょ！**

古川　絶対に違いますよ。自分の手についていた水滴が飛んできているんですよ。

宇多丸　え～、そうなの？　疑わしいなぁ。そもそもジェットタオルって完全に乾き切らなくないですか？　濡れ感が残るのが心底不快ですね。

古川　ビショビショの状態から乾かそうとすると、限界がありますよね。

宇多丸　オレはやっぱり、ゴシゴシ拭きたいんですよ。だからハンドタオルを必ず持ち歩くようにしているけど、たまに忘れるときがあるんですよ。

古川　人間誰しも忘れ物はありますからね。

宇多丸　そういうときはやっぱり、オレはトイレットペーパーに頼ってしまいますね。そういう衛生観念なんで、焼売太郎さんのメールを読んで、何が低いのか最初はピンとこなかったんですよ、正直。要するにこれは、ウンコをするすぐ横に備えつけてあるものを、ほかの用途に使うのが低いということなんだよね。

古川　そうですよ。備えつけのアルコール液に……なんて言うんだろう、ウンコの微粒子、いわば**ウン微粒子**が混入している気がして、気持ち悪いんですよ。

宇多丸　でもウン微粒子はトイレだけにとどまらないでしょ。道を歩いていたってウン微粒子は漂っているはずじゃないですか。

古川　そりゃそうですけど。とはいえ、ウンの隣にあって、用途が非常に限定されているものを、スマホに使うというクリエイティブさというのも、イヤな感じがするんですよね。

宇多丸　それはあるね。**クリエイティビティは、ウンコの隣で発揮するのはやめたほうがいい**ってことですね。

41

スーパーで買《か》い物《もの》したとき、
買《か》ったものを袋《ふくろ》に入《い》れるところで、
指《ゆび》を湿《しめ》らせるために置《お》いてある布巾《ふきん》で
汗《あせ》だくになった顔《かお》を拭《ふ》く
オジさんがいました。
夏《なつ》の暑《あつ》さは、人《ひと》を低《ひく》くさせるのでしょうか？

（いぬドッグ）

宇多丸　汚いよ！　無頓着！

42

洗面台《せんめんだい》にたまった水《みず》はリソースだ

これは、意識が高すぎるゆえに、結果として「低み」行動になってしまった先輩のKさんの話です。

私は会社の独身寮に入っているのですが、ある朝、共用の洗面台で歯磨きをしているKさんを見かけました。歯をゴシゴシ磨きながら、洗面台の排水口にゴム栓をして水をためるKさん。「あぁ、顔を洗うために先に水をためているんだな」と、Kさんの手際のよさに一瞬感心した私ですが、何か**違和感を覚えました。**

歯磨きを終えたKさんは、洗面台にたまった水を手ですくって口をすすぎ始めました。このあたりで、「あれ、まさか……」と思う私。

そしてKさんは、口に含んだ水をそのまま洗面台へと吐き出し、また水をすくって口をすすぎます。何度か繰り返し、口がさっぱりしたKさん。

洗面台にはちょっと濁った水がたまっています。この時点でちょっと固まる私。**その後、Kさんはその水を使ってそのまま顔を洗い始めました。**もはや顔を洗っているのか汚しているのかわからない状態。

そして、顔を洗い終えたKさんは、ためた水をそのままにして去っていきました。おそらく、次の人が使えるようにわざわざ残していったのでしょう。貴重な水資源を1リットルたりともムダにしない、そのエコ意識の高さをひしひしと感じました。

なお、私はそれ以降、Kさんとは距離を置いています。

（薄毛の30歳）

宇多丸　最後に流さず置いとくのは、これ、**単なる不作法の可能性ないですか？**

古川　いや、やっぱ、よかれと思っているんですよ。

宇多丸　よかれかな？　明らかに汚れた水なわけじゃん。その汚水を再利用してやれることって、あります？ ……**あります??** 他人の口をゆすいで、顔を洗った水だよ。順番を変えればギリギリ、使えますかね。顔を洗ってから、口の中だったなら……。それでもイヤだわ。イヤだけど、口からの水よりはマシだよね。

古川 マシはマシですね。

宇多丸 だって口の中って、不純物が多いじゃない。口の中は、カスとか、歯磨き粉とか、歯にたまっていたものとか、もう汚れだらけですよ。口に比べれば、顔はそんなにドロリとついていることはないじゃん。

古川 まあメチャクチャなことにはなってないだろうね。

宇多丸 目クソくらいは入るかもしれませんけど、固形の垢とか、そこまではなかなかいかないじゃない。

古川 あったとしても下に沈むだろうという希望的観測ですよね。

宇多丸 いや、それは浮くでしょ。**目クソは浮くよ。**

古川 目クソは浮くかぁ。

宇多丸 目クソ、鼻クソは浮く。**沈むほど重いって、そりゃもうウンコじゃないですか。**

古川 目「クソ」って言うくらいだから、ウンコ同様、沈むかもしれませんよ？

宇多丸　目クソは絶対に浮く。ウンコだって、**オレは体調によっちゃ浮きますからね！**

古川　ウンコが沈むも、オレ次第だと。

宇多丸　腸の具合によっちゃ、ウンコ中にガスがたまっていたりしますから浮きますよ。

古川　たしかに浮くタイプ、浮かないタイプ、ウンコも千差万別ですね。僕ら災害による断水とか、シビアなものを経験していませんけど、この人は大変な目に遭って水は一滴もムダにしてはならないっていうポリシーかもしれませんよ。

宇多丸　たしかにそうだ。冗談抜きで水が止まっちゃったりなんかしたら、水をためて使いますからね。……いや、そうだとしても、Kさんの順番ではないでしょ。

古川　でも、どうしたらいいんですか。

宇多丸　でもそうじゃん。再利用するとしても、顔からの口じゃないですか。

古川　そこは個人の衛生観念だから、意見が分かれるところじゃないですか？

宇多丸　口をゆすいだ水のほうがマシって人は、絶対少数派でしょ。あとさ、顔を洗うにせよ、口をゆすぐにせよ、洗面台いっぱいにためる必要ある？　本当に節水するんだったらさ。

古川　たしかにそうだ。

宇多丸　口ゆすぐのに、そんなに水を使わないよね。要領よくやれば、もっと少ない水でできるでしょ。なんにせよ、この順番ではない！　だし、やっぱりこれ、エコじゃなくて、単に杜撰《ずさん》なんだと思う。

古川　単なるものぐさって感じしますよね。

宇多丸　だって独身寮だよ……。男性独身寮でしょ？　もうこの時点でなんかもう、**あぁ、だらしなさそうって感じじゃないですか。**

古川　大胆なもの言いです。

宇多丸　部屋に入ったら、すげーソースと油の匂いが常にしてそう。

古川　完全に決めつけですね。

宇多丸　そうなったらもう、住んでいるのは人間かゴキブリかもわからない生物なんじゃないんですか？

古川　過去に独身寮で何かあったんですか？

宇多丸　冗談ですからね。

43

お風呂《ふろ》の残《のこ》り湯《ゆ》の意外《いがい》な使《つか》い道《みち》

私は、お風呂に入るときシャワーをなるべく使わず、その前に入った浴槽の残り湯で身体を洗い流します。そこまではなんの問題もないと思っていますが、その残り湯で歯を磨きます。

残り湯で歯磨きは低いですか?　このコーナーを聞いているうちに心配になってきました。

（トモリ）

宇多丸　浴槽の残り湯で身体を洗い流すのがアリならば……。

古川　口の中を洗い流したとて、何が……？

宇多丸　ダメでしょ！　これ、なぜダメかっていうと、やっぱ、お湯の中に垢とかが浮いているわけじゃないですか。残り湯で身体を流すくらいなら、ただ皮膚の表層を通りすぎて滴り落ちていくだけだからまったく問題ないですよ。けど、歯を洗うって言ったら、口の中から垢やら何やらが、身体に取り込まれちゃうわけじゃん。取り込まれる云々じゃなくて、垢まみれのお湯を口の中に入れるのは、問題あるなしに関係なく、普通にイヤでしょ。

古川　でも彼がイヤだと思ってないなら別によくないですか？

宇多丸　それは彼の認識不足だって。口に入るのは垢だけじゃないよ。お風呂の残り湯だったら、ケツの穴周辺の、汚物的なものも混ざっているからね。

古川　しっかり染み出していますよね。**うまみが染み出していますよ。**

宇多丸　うまみ？　まあ、アナルもそうですし、おいなりさん、ぼんぼり、地方によっていろいろ呼び方はありますが、そういうところからも……。

古川　うまみが染み出して。

宇多丸　あとなんですか、かなまら祭ですか？　とにかく口に接するのが大変抵抗がある諸々《もろもろ》を、すべてまとめて口の中に入れているんですよ、この人は。

古川　彼が歯を磨くという行為を、どういうふうに捉えているかにもよりますよね。歯磨きを、口全体を清潔にするための行為ではなく、歯の中に挟まった物理的なものを取り除く行為だと考えているんじゃないですか。

宇多丸　その可能性は大いにあるよ。だから言っておくけど、歯磨きはなぜするべきなのかといえば、汚れを取るだけではなく、歯磨き粉に含まれている歯茎にいい成分を塗り込むためなんですよ。前に、しまおさんの友達の歯科医師のゆきちゃんから教わったじゃないですか。

古川　**そんな正論が聞きたいわけじゃないんですよ。**

宇多丸　とはいえ、この人には、あなたの行為は歯をきれいにするどころか、逆に、奥歯と奥歯の間に、**身体の垢と肛門《こうもん》の汚れを塗り込んでいるだけだから**ということは伝えておきたいです。掘り下げれば掘り下げるほど気持ち悪くなってきましたね。やっぱり、エコと「低み」はホント、キワキワだね。エコ的なのは大変よろしいかと思いますが、衛生的には最悪じゃないですか。

古川　僕は、彼が自分の中で問題ないなら、これからも続けて問題ないと思いますね。

宇多丸　そうは言っても、たとえば結婚して子どもができて、子どもがこのスタイルで育ったら、それは人に迷惑をかけているも同然じゃないですか。

古川　修学旅行とか行ったらビックリするでしょうね。**「みんな、風呂の残り湯で歯を磨かないいんだ!?」**って。

宇多丸　とりあえず、客観的に見たところ、低いということはお伝えしておきたいと思います。

44

水道水《すいどうすい》はエコフレンドリー&コンビニエント

僕は家で飲み物を飲むときは、水道水しか飲みません。主な理由は**「安くて環境に悪くなさそう」**ということなのですが、それ以外にもうひとつ重要な利点があります。

それは、**「コップに入った水道水は清潔なので、ものを拭くのに使える」**ということです。テーブルやメガネやスマホの画面が汚れている、と思ったらコップの中の水道水を垂らしてティッシュで拭きます。いちいち水道まで行ったり、ウェットティッシュを使ったりする必要はありません。冬はこたつから出たくないので、本当に便利です。

ここまでは、「低み」でもなんでもない生活の知恵レベルのことだと思います。

このメールを書くきっかけになった出来事は、これの「進化系低み」です。

このメールを書いているほんの10分前のことです。風呂上がりに水を一杯飲んだすぐあとに、スマホの画面が汚れていることに気づき、いつもどおりコップの水を使おうとしたのですが、あいにくコップはもう空でした。

とっさに僕は口の中にまだ残っていた水を、プロレスラーの毒霧のように**スマホに吹きかけました。**

何も考えずに行ったこの行為ですが、画面を拭きながら自分の行為が「低み」であることに気がつき、いても立ってもいられず、すぐにメールを書きました。

（ヤ！ヤ！ヤ！）

宇多丸　**「コップに入った水道水は清潔なので」**って言うけどさ。口ついているわけだから！

古川　厳密に言えばね。

宇多丸　厳密にじゃなくてもそうだよ。あとさ、「水を垂らす」というのは、スマホに直接垂らすの？　それはちょっと抵抗あるんだけど。

古川　メガネでも結構イヤですね。

宇多丸　でもさ、水をトロトロ垂らすよりかは、ブシュァ〜〜!!ってやったほうがなんかいいよね。漢《おとこ》らしいし。

古川　景気いい感じがするもんね。

宇多丸　西部劇とかでしか見たことないけど。

古川　バーボンを傷口に向けてブッー！ って噴くやつでしょ。

宇多丸　現実では絶対にやらないやつね。この「低み」は、どっちかというとそのイズムな感じがして、別のジャンルの何かという気がするんだよね。

古川　宇多丸さんも最近、スマホデビューされたからわかると思うんですけど、スマホの画面が汚れているとき、「水で拭こう」とはなかなかならないですよね。そもそも精密機械なんだから。たいした「低み」ですよ。

宇多丸　まあ、だからこそ彼にはブシュァ〜〜!!　を、ぜひ人前で披露してほしいね。

古川　**「あら、男らしい！」**なんて言われちゃうかもしれませんね。

宇多丸　スマホはすぐ壊れるけどね。

古川　いや、いまどきのスマホはたいてい防水でしょう。

宇多丸　オレ、iPhone 6s なんで防水じゃないんですけどね。

古川　**６ｓ……フフフフ……。**

宇多丸　なんで、６ｓで笑われなきゃいけないの？（古川註：この放送時点でも、iPhone 6s はかなり旧《ふる》い機種なのでした）

45

WIN《ウィン》－WIN《ウィン》の関係《かんけい》を築《きず》く パンツ・シェアリング

まず、歯を磨きません。歯ブラシを口に入れると「オエッ」となるので、歯は磨くのではなく、拭きます。ティッシュで。目視して色がなくなればOKです。

あと、下着を買いません。パンツは破れても、どうせズボンをはくので気にしません。いくらなんでもはけなくなると、父のパンツを勝手に頂きます。父は買い物が好きなのでまた自分の新しいパンツを買えるわけですからWIN－WINの関係ですね。以前どうしてもパンツが足りないとき、母のパジャマのズボンの下を切って短くして自分のパンツにしました。普通のハサミで切っていたのでギザギザでしたが、とくに問題ありませんでした。

あと、シャンプーを使って髪の毛を洗いません。お湯です。福山雅治もそうらしいので別にこれは低くないかもしれませんね。
あと、納豆の匂いが好きなので食べ終わった納豆パックをリビングに点在するゴミ箱に均等に捨てて、家の匂いを僕好みにします。これはアロマテラピーとあまり変わらないです。
ほかにもいろいろありますが、このくらいにします。

（しましゅー）

古川　一個一個のネタはそれほどじゃないんですけど、連続するとこうも気持ち悪くなるかと……。

しまお　いやいや！　これはいいですよ。いい「低み」です。

宇多丸　この人はパンツに対する執着があるんだか、ないんだか。パンツは絶対に買わないし、破れていたって気にしないと言い張ってんのに、いざパンツがないとなると、お母さんのパジャマをちぎってまでパンツにするって。オレ、そこまでできたらノーパンで寝ますよ。

しまお　えー、ホント？

宇多丸　ないならしかたがないじゃん。お母さんのパジャマを切ってまで、パンツにしようという執着はオレにはないね。

しまお　でも、パンツはあったほうがいいじゃないですか。

宇多丸　なら買えよって！　切ってパンツにするほうが面倒でしょ！

しまお　うーん……。でも、わたしもパジャマのズボンを切ってパンツにしたことありますよ。

宇多丸　あるんだ。

しまお　パンツっていうか、ブルマみたいな感じですかね。冬にパンツにズボンだけだと寒いから、その間に挟むものがどうしても欲しくって。しましゅーさんとは共通しているところ多いなぁ。**わたしも歯を磨かなかった時期もありますもん。**

宇多丸　………（絶句）。

しまお　目を思いっ切り逸らしましたよね？　宇多丸さん、今日サングラスをかけてなくて、表情がよく見えるから、引いているのがわかるんですけど……。

宇多丸　そりゃ、逸らしますよ。今日も歯を磨いてないのかと思ったら、口周りを見られませんよ。

しまお　中1のときです！　夏休みに1カ月だけです。**オンリーワンマンス。**

宇多丸　え？　なんでそんなことしたの？

しまお　わたし、中1の夏休みに1カ月、イギリスの短期留学に行ったんです。そのとき、歯ブラシを忘れたから1カ月磨かなかった。

宇多丸　留学先で？

しまお　うん。しかも、外国って結構ほっぺにチュウとかするじゃないですか。**ノープロブレム！**

宇多丸　ノープロブレムは向こうが決めることだから！　しまおさんが判断することっちゃないですよ。でも留学中なんて、一番おしゃれに気を使う期間じゃない？　むしろその1カ月だけは、普段よりめちゃめちゃおしゃれしたっていうならわかるけどさ。

しまお　おしゃれはしますよ。でも、**歯はおしゃれとは関係ないじゃないですか。**

宇多丸　口臭に対する意識がまったくなかったの？

しまお　なかったね。しかも、磨くのがすごく嫌いだったんで。だから磨く必要がないなんて、ラッキー！って。

宇多丸　口をゆすいだりくらいはしていたの？

しまお　**当たり前じゃないですか！**

宇多丸　どこかのポイントで、自分の口臭いかもとか思わなかったの？

しまお　いや、臭いとは思わなかった。わたし、匂いは気にしないタイプなんで。あと自分の口臭って、あんまりわからなくないですか？

宇多丸　そうだけどさ……。

しまお　それに中１くらいだと、代謝がいいから口臭くならないんですよ。

宇多丸　違うよ！　むしろ代謝がいいから、臭くなるんだって！

しまお　赤ちゃんの口とかまったく匂いないよ。

宇多丸　乳飲み子なんて、固形物すら食ってないじゃないですか。中学生なんて、コッテリしたもんばっか食べてるから、相当臭くなりますよ。

しまお　言われてみると、たしかに……。

46

ハンカチがないときは髪《かみ》の毛《け》が便利《べんり》

学生時代につきあっていた彼女とのエピソードです。

ある日、吉祥寺を散歩していて、某行列ができるお肉屋さんのメンチカツを立ち食いしていたときのことです。メンチカツは揚げたてで、とてもおいしいのですが、食べているうちに指が油でベトベトになってしまいます。ハンカチで拭かなくちゃと思っていると、なんと彼女は、**手についた油を、髪の毛になすりつけだした**のです。

驚いて「何やってるの?」と聞くと、**「トリートメントになる」**という驚《きょう》愕《がく》の回答。よくよく聞いてみると、子どものころから手が油で汚れるたびに、髪になすりつけていたのだそうです。この行動を見て、ちょっと無理……と思ってしまい、その後、ほどなくして別れてしまったのは言うまでもありません。風の噂で、いまは結婚してお子さんもいると聞きました。お子さんの髪にも、やはり油を塗りつけているのでしょうか。

（KMナボナ）

しまお　「メンチの油を髪になすりつけている」なんて、よく彼氏に言えるね。彼女は低いっていう自覚がまったくないってことですよね。

宇多丸　トリートメントって言うくらいだし、変だとも、汚いとも思ってないでしょ。

しまお　いくらなんでも肉の油はダメでしょ。髪にもよくないだろうし、それに臭くなりそうだし。

宇多丸　肉と揚げ油だからね。さすがのしまおさんも、これはナシですか？

しまお　**さすがのわたしでも、ちょっとこれは……。**

宇多丸　女性が実は髪の毛にいろいろなすりつけているって話を、以前聞いてものすごく驚いたことがあって。男がトイレで手を洗ってズボンで拭くのと同じように、女の人も髪の毛をいじるふりをして、実は髪の毛で水気を拭いているらしいじゃないですか?

しまお まあ……**やりがちですかねぇ。**

宇多丸 やっぱ実際やっているんだ。しまおさんの髪は、すごく短いから、拭くとなると髪の毛をかきむしるみたいにしないと拭けなさそうじゃないですか。

しまお 慣れですよ、慣れ。生まれてこの方、**ハンカチをまともに持ったことないから、**自然に髪の毛を拭くスキルは結構なもんですよ。

宇多丸 これちょっと自慢ですけど、オレは毎日ハンドタオルを持っていますよ。しかもポロのハンドタオル!

しまお それ、ちゃんと替えているの?

宇多丸 毎日洗いたてのハンドタオルですよ。うちにいっぱいポロのハンドタオルがあるからね。1日使ったら洗濯していますし。

しまお えぇ! 信じられない……。わたしなんて、タオルを一回カバンに入れたら、ず――っと入りっぱなしですよ。

宇多丸 タオルは使わないの?

しまお **「わたし、ハンカチ持っているんだ。偉いでしょ!」**って見せびらかしたい日だけは持っていますね。で、その翌日も、たいして汚れてないから持ちっぱなし。その後もズルズルとカバンの中に入り続けているって感じですかね。

宇多丸　しまおさん、あんまり汗かかないんじゃない？　オレ、めっちゃ汗かくから、自分でも汚ねえなって思うから洗濯するんですよ。

しまお　まあ、汗はそんなにはかかないかな。でも**濡れていたって、いろんなところで拭けるしね。**

宇多丸　え？

しまお　ズボンだとか、髪の毛だとか。

宇多丸　汚ったないなぁ……。

しまお　自然乾燥だってできるじゃないですか。

宇多丸　そりゃそうだけどさ……。先日スーツ地でカーキ色のズボンをはいているときに、たまたまハンカチを持ち合わせてなくて、洗った手を雑にズボンで拭いちゃったら、おしっこ漏らしたみたいになって最悪でしたよ……。しかもカーキ色だとめっちゃ目立つんですよ。このまま人に会うわけにはいかないから、しばらくトイレの個室にこもって本を読みながら、乾くの待ちましたね。

しまお　さすが宇多丸さん。わざわざ大のほうで待つというのが上品ですね。

47

できるビジネスパーソンは1枚《まい》しかハンカチを持《も》たない

私の同僚の行動が「低み」なのではないかと思います。私はある日、同僚の机の中にいつも同じハンカチが入っていることに気がつきました。最初は同じハンカチを何枚か持っているのかとも思ったのですが、どうやら様子が違うようです。

そのハンカチが気になりすぎた私はある日、意を決して聞いてみたのです。

「いつも同じハンカチが入っているような気がするんだけど、それって何用なの？」

すると、同僚からは信じられない回答が返ってきたのです。

「え？　普通に毎日使っているよ」

詳しく聞いてみると、彼はさらに信じられない言葉を口にしたのです。

「ハンカチって手を洗ったあとに使うでしょ。手を洗ったあとは手がきれいになる。だから、**このハンカチはいつも清潔だよ！**」

なんと彼は毎日同じハンカチを使い、洗濯もしないまま、机の中に保管していたのです。

この日以降、彼のハンカチはもちろん、机の上のものを触ることができません。嫁にその話をしたところ、同僚のことを**「雑菌」**と呼ぶようになりました。

これって「低み」ですよね？

（もうダメロン）

宇多丸　洗った手は清潔なのだから、清潔なものを拭いただけのハンカチは永遠に清潔だってのは、「低み」にありがちな小理屈パターンですね。

しまお　でも、わたしもこのハンカチは使い続けていいと思いますけどね。
宇多丸　え？
しまお　だって、毎日は替えられませんよ。
宇多丸　毎日替えろって言ってるわけじゃありませんよ。ず――っと同じハンカチを使い続けるのは汚いだろって話じゃないですか。
しまお　ハンカチをあまり持たないから、持っているだけ意識が高いとすら思いますけどね。
宇多丸　ハンカチ持たない派ですか。ねぇ大知くん、聞いたところによると、女性はハンカチ持たないでトイレ入ったとき、手の水気を、髪を整えるふりして、髪の毛で拭いているんだって（P181）。
三浦大知　（以下、大知）　え……。そんなことしているんですか！　それは、みなさんやっているベーシックな方法なんですか？　しまおさん？
しまお　恥ずかしくて、大知君には言いたくないですよ……。
宇多丸　でも、いろいろな人に聞いた結果、結構やっているという答えが返ってきましたよね。
しまお　髪の毛をいじってお茶を濁すとか、風を切りながら勢いよく歩いてお茶を濁すとか。まあ……やりがちですよ。
大知　そんな**セルフエアタオル**を。
宇多丸　話を戻すけど、よく手を洗った手についている水滴は、きれいな水滴だと言えなくはないよね。
しまお　でも、いくら丁寧に手を洗っても何か病気の菌が残ってたりとかも聞きますよ。完全に清潔なものではきっとないんでしょうね。
宇多丸　ちなみに大知君はハンカチ持参派ですか？
大知　実は……ハンカチは基本、僕は持たないですよね。
宇多丸　水気はどうしているの？
大知　現場にあるタオルを探して拭いていますね。
宇多丸　でもタオルがないときだってあるじゃん。そういうときは、ズボンでペッペッて拭く感じ？
大知　ズボンは使わないですね。僕もセルフエアタオルをやりがちですね。大手を振って歩いて、乾燥を待って。
しまお　やった、大知君と一緒だ！　手を振ると水滴が飛ぶじゃないですか。大知君の水滴は浴びた人が大喜びしそうですね。

48

生乾《なまがわ》きの洗濯物《せんたくもの》が出勤《しゅっきん》までに あっという間《ま》に乾《かわ》く裏技《うらわざ》

私は沖縄で会社員をしています。男のひとり暮らしということもあり、家事は雑になってしまいがちです。その中でも最も面倒なのは洗濯です。休みの日はダラダラしてしまい洗濯ができず、平日は出社ギリギリまで眠って洗濯ができず……。洗濯をサボりにサボって、いよいよ**「着るものがない朝」**を迎えることが多くあります。

　そのような場合、洗濯カゴにある洗濯を済ませていない衣服を引っ張り出し、2周目に突入するという選択肢もあるかと思います。しかし、私は比較的体臭が強いタイプで、靴下などは壊滅的なスメル。下着に至っては、強烈な**するめスメル**を放っているものまである始末。「きれい好きの面倒臭がり」という一見相反する二面性を持っている私は、このような衣服を身にまとって出社をすることをよしとしません。

そんなときに私は、沖縄という南国の気候と、バイクという通勤手段をフルに活用します。とりあえずその日着たい洋服をお急ぎモードで洗い、脱水まで終わらせます。脱水を終えたとはいえ、洋服はまだまだしっとり濡れそぼっている状態。**私はそんな衣服を着用し、バイクに乗って出勤します。**濡れた衣服には、南国沖縄ならではの強烈な日差しが注ぎ、疾走するバイクの風を受けます。会社までの道のりは約25分。その間、県民の交通を支える国道58号線は、**僕にとってでっかいコインランドリー**となり、衣服を乾かし、会社に到着するころには許せるくらいまでには乾いています。

もちろん、直接日差しと風を受けない靴下や下着は特別な対応が必要です。靴下は手袋のように両手に装着し、パンツはミラーにかけて乾かします。赤パンツなどが風を受けてたなびくさまは、もはやスタイリッシュですらあります。おニューのパンツを購入するときに、普通の人であれば履き心地やデザインなどの評価軸があるかと思いますが、僕の場合は「たなびきやすさ」**「たなびいたときに映えるカラーリングか」**といった評価軸が存在します。某ユニクロなどで、「あれ、たなびきやすそうだな〜」とチェックしていたパンツを手に取っている人がいたら、**「おっ、もしやあなたも……？」**などと考えてしまうこともあります。

そのほかに、肘を開いて腋《わき》の部分を乾きやすくする、ズボンのポケットは外に出しておく、シートに面するお尻の部分は乾きが遅いので信号待ちのときには立って極力日差しが当たるようにする、等の工夫も必要です。どうしてもお尻のしっとり感は拭えませんが、**元来お尻はしっとりしているもの**なので、そこは許容の範囲内です。

ここまで聞いて、「雨の日はどうするんだ？」という疑問が湧いた方もいるかと思います。雨の日は**「雨に降られたから濡れているのだ」という大義名分**があるので大丈夫です。ほかにも濡れている人がいるので、濡れた衣服を着ていても違和感がないのです。むしろ、「雨で濡れたんだね、大丈夫？」という同情を集めることもできますし、「大丈夫！　全然平気さ！　さあ、今日も張り切って業務に取り組もう！」という態度を取ることで、不遇をものともしない強靭《きょうじん》なメンタルとポジティブな人間性をアピールすることが可能となります。

この一連の行為を「タマフル」リスナーでもある友人に話したところ、「低い！　低い！」とののしられてしまいました。まったくそんな意識がなかった私からしたら青天の霹靂《へきれき》、といった感じです。むしろ生きていく上での知恵というか、『伊東家《いとうけ》の食卓』的な裏技といったふうに認識していました。言われてみれば、たしかに低いような気もします。

（ヤマトゥー）

宇多丸　沖縄の気候を利用して洗濯物を乾かすのは、全然低くない。むしろ、楽しそうだなと思いさえするよ。ただね、「雨の日は、雨に降られたから濡れているのだという大義名分があるので大丈夫」って、これものすげー本末転倒じゃない？　だって、きれいにするために洗濯したものを、いきなり汚い雨水でビチョビチョにしたら意味ないじゃん。

しまお　雨水はそんなに汚くないって前提なんじゃないですか？　わたしも雨水は気にしませんよ。結局、気分の問題なんですよ。

宇多丸　そりゃ、大体気分の問題だけどさぁ。まあ、よく**パンツを表と裏、前後と向きを変えれば洗わずに4回使える**とか言うけどね。問題はスメルだけど。

しまお　でも意外に人って、臭《にお》い気にしてないと思いますよ。そんなことない？

宇多丸　気にしてないっていうか、無自覚な人は多いよね。洗濯の生乾き臭がプンプンするのに、平気で着ている人とかよくいるよ。

しまお　わたし、全然気にしたことないや。

宇多丸　オレはかなり気になるほうだから、「うわぁ、臭わせてんなぁ……」って注目して嗅いじゃいますもん。子どものころ、母親が洗濯してくれていたときは、**「ハズレ引いたー！　今日の服、超臭ってんじゃん！」**ってことがよくあって、その日は1日中早く家に帰りたくてしょうがなかったですから。結局、まとめて乾燥機にかけちゃうのが一番いいですよ。絶対に臭わない！

しまお　乾燥機は本当にいいですよね。

宇多丸　必須！

49

ゴミ箱《ばこ》がないときはパンツが使《つか》える

自身の習慣が「高み」なのか「低み」なのか、おふたりに判断していただきたくメールしました。**私は汚いものをパンツの中にいったん捨てる**という習慣があります。汚いものとは、目ヤニや、ふとしたときに抜いた鼻毛、殺した蚊など様々。ゴミ箱が遠いとき、ペロッとパンツをめくり、それらを中にポイッとするのです。

パンツはトランクスではなくボクサーパンツ。そこは下界とは隔離された密閉空間、小宇宙《コスモ》なのです。前門の股間、後門の肛門、どうあがいても不浄の地。そこに汚いものを入れ、シャワーのときに一緒に流す、そういう算段です。汚いものは一カ所に集めて念入りに洗えばOKのはず。私個人といたしましては、極めて合理的な「高み」であると思うのですが、おふたりはどう思われますか？

（床下去勢執行人）

しまお　この人の家の脱衣所は、大変なことになってそうですね。床に死んだ蚊とか、鼻毛だらけになるじゃないですか。

宇多丸　目ヤニや鼻毛を入れるのもイヤだけど、百歩譲って許容したとしてもさ、殺した蚊だけは絶対にパンツの中に入れたくないよね。

しまお　宇多丸さんは、蚊って殺したらどうします？

宇多丸　ティッシュなりに包んでから、一度蚊を念入りに叩いて殺して、それでゴミ箱に捨てます。あれ？　しまおさん、とても意外そうな顔をしていますけど……しまおさんはどうやっているの？

しまお　わたしは殺して、パッと床に捨てて、「はい、おしまい」って感じかなぁ。

宇多丸　そしたら自分の部屋に、死骸が散乱しているわけじゃないですか。

しまお　**そもそも部屋がゴミ箱みたいだから**気にしないんですよ。もはやゴミ箱に住んでいるみたいな感じなんで。

宇多丸　汚いなぁ……。

しまお　でもコンスタントに掃除機はかけていますよ。

宇多丸　でもお子さんが生まれて、「部屋をきれいにしておかないと！」みたいなモチベーションは生まれないの？

しまお　子どもも蚊ぐらいじゃ死にませんから。

宇多丸　死ぬとか死なないの話じゃなくてさ。

しまお　逆に子どもがいると、衛生観念が下がるもんですよ。ウンチも、唾液もだだ漏れで、いろいろまき散らしちゃうんで。

第三章 脱彩り宣言

コップの水をどこまでライフハックに使っていいのか問題

ミノワダ コップに入った水で掃除するのはよくやりますよね（P170）。

古川 そうでもないと思うけどな。

ミノワダ そうですか？ 僕はコップのお水をティッシュにちょろっと垂らして汚れたところを拭いてますよ。

宇多丸 水垂らすんだ、やっぱ。

ミノワダ 直接スマホとかの対象に垂らすわけじゃないですよ。ティッシュに水を垂らして、擬似ウェットティッシュにして拭くのが僕のスタイル。

古川 飲み水をどこまで使うか問題で言えば、こないださ、まだ2、3回しか会ったことない人と打ち合わせがあったんだけど、その人、話しながらコンタクトレンズが途中でポロッと取れちゃってさ。どうするのかなと思って見てたら、乾いたコンタクトの潤いを回復させるために、**飲んでたお冷やの中にコンタクトをチャポン**って入れて、何事もないようにもう一回、目につけたんですよ。

でね、さすがにちょっと痛かったのか、ずっと目をシパシパさせてて、そのうちまたコンタクトを外して、今度は**コンタクトを舌でベロッと舐めて**からつけ直したんですよ。ツッコめる距離感の人でもなかったから見ないフリをしましたけど。

宇多丸 いやあ……やむを得ないのはわかるけど。

ミノワダ 一度スキー中にゲレンデでコンタクトが取れて、仕方がないからベロリしたこと、ありますけどね。水道水でコンタクトを洗うのも、悪癖だけどメジャーですし。

古川 やむを得ないってのはわかるけど、ベロリを人前で堂々とやるのは別の話じゃん。人に見られないようにトイレでベロリする分にはアリだと思うんだけどね。

宇多丸 コップにコンタクトを沈めたあと、その人、**コップの水飲んだ？** そこも「低み」の境界な気がする。

古川　どうだったかな……「新しい水ください」とは言ってなかった気がする。

宇多丸　一度何かに使った水は、オレの中では**工業廃水とかと同じ部類**になるのよ。服に食べ物とかこぼしちゃったときに、染み抜きのために、おしぼりをコップの中に浸して、ポンポン染みを拭いたりするじゃん。そのとき、おしぼりをつけた瞬間にコップの水は飲む用ではなくなると思うんですよ。みんなは飲むの？

ミノワダ　それくらいなら飲みますよ。とはいえ僕は濡れおしぼりで拭きたいときには、コップの水を紙ナプキンに垂らして使うから、その状況にはならないですけどね。

宇多丸　そんなにうまく水、垂れなくない？　勢い余って水をビシャ〜ッてやって、机を水だらけにしてお店の人に迷惑かけてる絵が浮かぶんだけど。

ミノワダ　ストローを使って垂らしてるんです。

宇多丸　ああ、それは合理的。でも、そのストローは新しいやつ使ってんの？　ジュース飲んでたストローそのまってことはないよね？

ミノワダ　**アイスコーヒーとかガンガン飲んだやつですよ。**

宇多丸　そしたら意味ないじゃん！　色素とかベッチョリついてるじゃん。

ミノワダ　そんなことないですって。水を通してるからストローの中はクリーンな状態ですよ。水の洗浄力はすごいですから。

宇多丸　そうかなぁ。

ミノワダ　（無視して）そう考えると最近、あんまり低い生活してないなぁ、オレ。

食べ物の「モッタイナイ」ライン

宇多丸　モッタイナイ精神と言うと、「飲み会で残ったおかずを全部持って帰った人」[註]の話があったけど、みんなは食べ物はどのあたりまでもったいなさを感じる？　オレはエビの頭や尻尾は食べますけど、まぁこれは普通か。

ミノワダ　なんなら身よりおいしいですからね。エビフライの尻尾を残す人のほうがズレてますよ。

宇多丸　だよねぇ。

古川　そういうもん？

ミノワダ　たまに食べない人がいると「尻尾残すの？」って聞いてもらいますよね？

宇多丸　そこまで意地汚いのミノワダくんだけだよ。それにオレは人が口つけたものは食べないから。

ミノワダ　宇多丸さんはモッタイナイ精神が足りませんよ。僕は後輩のスタッフからももらったことあるし、機会があれば古川さんのだってもらいますよ。

古川　いくらでもあげるよ。オレ食べないもん。あとパセリもいいよ。宇多丸さんは食べる派？　パセリ。

宇多丸　店によるね。フレッシュなパセリを使っている店か、使い回してる店かを見極めて。

古川　それはどう見極めるの？

宇多丸　まぁ、**ムードだよね。**

古川　僕は昔、パセリ食ってたんですよ。**パセリまで食べるのが粋な感じがして。**でもあれ、おいしくはないよね。だから結局食べなくなっちゃった。

宇多丸　じゃあ、なんでパセリついてるの？

古川　彩りでしょ。

宇多丸　出たよ……**彩り。**やめたほうがいいって。彩りとか。別に揚げ物ばっかりで皿が茶色一色でもオレ、気にしないし。刺身についてくるシソは食う？

古川　食べますね。あれは彩りとは別。

宇多丸　だよね。あれは食べるためについてるものだよね。じゃあ、大根のツマは？

古川　ほとんど食べません。

宇多丸　だよね。でも、こだわってるふうの店に行くと、「ツマもおいしいから食べてね」とか板前さんに言われて、いやいや完食する羽目になったりしない？　**「うるせえな！好きに食わせろよ！」**って感じだけど。

ミノワダ　そうですか？　ツマ、おいしいですけどね。ツマonシソで食べると、それだけでビール一杯分のつまみになるレベル。

宇多丸　そうなの？　さっぱりしてていいとは思うけど、でもなんか、指図されてまで食べるほどのものではない気がしちゃう。

古川　しょせん生の大根なんだから、ほっぺたが落ちるほどおいしいってことはないだろって思ってますよね。それともまだ本当においしいツマに出会ってないだけなのかな。

宇多丸　今度から刺身はツマ抜きで注文しよっかなぁ。

古川　**「うちのツマ食べないなんて、どういうことだ！」**って板前さんが怒るかな？

宇多丸　大丈夫だよ。寿司のシャリ抜き頼んでる人がいる時代ですよ。

古川　あと、食用菊とかも喜んでるやつ、まだいるんですかね？

宇多丸　だからそれも結局、彩りでしょ？　しょーもない！　**菊だって刺身に乗せられるより、花として愛《め》でられたいと思ってますよ、**絶対。（P246へ続く）

註：飲み会で残ったおかずを全部持って帰った人
ページ数の都合で、本書では割愛した、ラジオネーム「サメ肌の心」さんが投稿したエピソード。敗残兵のような雰囲気をまとった友人のT君は、毎回大学の飲み会があるたびに、残った料理を「だぁって、もったいないじゃんか。これだけあったら、明日の食料には困らんぞ」と持ち帰り、翌日タッパーに詰めて弁当にしているという話。

SECTION 04

［リアルライフ・マネジメント］

REAL LIFE MANAGEMENT

生きていく上で欠かせない日々のルーティン。繰り返される人間の営み。
あなたはいつしか固定観念に縛られていないだろうか？
リアルライフを再構成し、次なる知覚の扉を開こう。

50

最近《さいきん》、お風呂場《ふろば》のタイルが
黄《き》ばんできてしまいました。
シャワーを浴《あ》びながら
おしっこするのは
やめたほうがいいでしょうか？

（あぶないメカニック）

宇多丸　お風呂でおしっこをするのは、正直、オレもゼロではないですよ。

古川　一回もしたことがないなんて人は絶対にいませんよね。**ゼロだという者は石を投げられるべきですよ。**

宇多丸　ただ、風呂場のタイルが黄ばむまではしませんよ。

古川　この人の場合は**完全にルーティン**ですからね。

宇多丸　しかもシャワーから水が流れているわけだからね。トイレの便器がおしっこかけすぎて黄ばむなんてことはありえないじゃん。これはよっぽどだよ。

古川　でもさ、みんな風呂の掃除したりしてるじゃん。これは**ケアを怠ったお風呂のタイルはこんなに弱いもんだ**ってことを彼は我々に伝えてくれてるんじゃない？

宇多丸　腑に落ちないですよ。そもそもその黄ばみはおしっこの黄色なのかも疑わしいもん。風呂が不潔なあまり、いろいろな雑菌が繁殖していて、なんらかの化学反応が起きたとかさ。

古川　そんな……。でも、まぁ、ね。誰にも迷惑はかけていませんから。

51

僕《ぼく》はウォシュレットを使《つか》う代《か》わりに
トイレットペーパーに
ツバをつけて湿《しめ》らせてから
肛門《こうもん》を拭《ふ》いています。
我《われ》ながら「低《ひく》いな」と思《おも》うのですが、
どうしてもやめられません。

（ピンクローー太郎）

宇多丸　ちょっとぉ！　これ、かなり衝撃的なんだけど。

古川　彼の場合、どこに衛生観念の重きを置いているのかが理解を超えていますよね。肛門周りの汚れを取るために、雑菌まみれの唾液で拭くって……。

宇多丸　家にウォシュレットはあるんですかね？

古川　ないからこそ、好奇心で試しちゃって、思いのほかよかったからハマったんじゃないですか？

宇多丸　使う代わりに、って言っていますからね。

古川　発想の飛躍がすごい。

宇多丸　こんなことしている人間が存在していると思ったことさえなかった。**人間の多様な生き方が描かれていますよ。**

52

トイレで人間《にんげん》は進化《しんか》する

ウォシュレットなしトイレの我が事務所ですが、**ウンコのキレ**がよくなるように、食生活では極力、食物繊維を摂取するようにしています。それでもキレの悪いのが出ることがあるので、**トイレットペーパーにツバをつけて拭く**ことがあります。

この習慣ですが、結構効率がいいので続くのですが、ひとつ困ったことが。

いや、人類の進化的なことがわかりました。ツバの量は多いほうが、スッキリサワヤカに拭けるのですが、慣れてくると、ウンコをすると口中に唾液が分泌されるようになるんです。

ウンコしながらよだれが出る。これを人類の進化といわずして。

（奈良巧事務所）

宇多丸　ツバウォシュレットがまた出てしまいましたね。やっている人が意外といるなんて……。

古川　この人はウンコするたびにドバーッと唾液が出るんですよね？　口の中ビッチャビチャになっちゃって。

宇多丸　本来ツバって食欲が湧いたときとかに出るっていうものなのに……。

古川　まさか食べ物をとり入れるときのみならず、排出のときもよだれが出てくるとは！　**逆パブロフの犬ですよ。**

宇多丸　オレはそうはなりたくないなぁ。

53

会社《かいしゃ》の給湯室《きゅうとうしつ》でオナホを洗《あら》ったことがあります。

（プッチモニ太郎）

宇多丸　なぜ、プッチモニ太郎さんは**会社にオナホを持っていった**んでしょうか。

古川　ホントに。

宇多丸　まあ、会社で使用するために持っていったんじゃないですかね？

古川　会社に持っていって、会社で使用して、会社で洗ったってこと？

宇多丸　そうに決まってるでしょ。

古川　なんでそんなことするのかなぁ。

宇多丸　切羽詰まっていたんでしょうね。仕事が忙しいあまり、会社で使用するしかない的なね。

古川　いろいろな人がいますね。

宇多丸　オレはオナホについてあんまりよく知らないんですよ。だけど以前、TENGAの広告用インタビューを受けた縁で、TENGAだけは知っているのね。あれって、**普通のオナホよりもハードなんでしょ？**

古川　ハードめだと聞いていますよ。

宇多丸　中の凸凹だったり、締まり的な構造もハードなわけだから、TENGAから受けるムスコへの快楽の度合いとしてのダメージも大きそうじゃないですか。一戦終えると、虚脱状態くらいに。その上、中がヌルヌルしているから、イチモツもヌルヌルになっちゃうしさ。

古川　いま、そこまでオナホにまつわるディテールを解説しなくてもよくない？

宇多丸　違う！　下ネタじゃなくて、オレが言いたいのは、洗うのはオナホだけじゃ済まねぇだろ！ってことなの。素手でやるよりも、オナホを使った場合は数倍片づけが大変だと思うよ。やらないほうがいい！

54

隙間時間《すきまじかん》に最適《さいてき》なインプット

ちょっと文章を読みたい気分のときは、インターネットで風俗店の体験レポートを見ることがあります。

「今日は指名ランキング上位の◯◯ちゃんとイチャイチャするでー!」

「全身ネットリ舐められてしまいました」

などと40、50のおっさんが書いたのかと思うと、そのバックグラウンドを想像するだけで楽しめます。

そして、こんな大人にだけはならないようにと思うのであります。

(wa)

宇多丸　**「ちょっと文章を読みたい気分のとき」**に、風俗店の体験レポートを読む自分の「低み」行為を棚に上げて、わざわざ書いた人を見下すのはいかがなものでしょう。行為じゃなくて、**ｗａさん本人の精神が一番低いですよ。**

古川　風俗レポートを書く「低み」がいれば、読む「低み」がいるという、**「低み」の循環生産**が行われていますね。

宇多丸　でも別に、体験レポートは、行こうと思っている人には役立つわけじゃん。

古川　もちろんそうです。

宇多丸　レポートを書くことは、別に「低み」とは言えなくない？　書いてある内容は**「イチャイチャするで〜〜！」**とか、そんな感じでしょうから字面上は低いけどさ。でも、食べログだのアマゾンレビューと変わらない批評じゃないですか。

古川　言われてみればそうですね。

宇多丸　で、やっぱｗａさんが低すぎるでしょ。「こんな大人にだけはならないようにと思うのであります」って書いてあるけど、**この人の年齢を見たら33歳じゃん。**

古川　完全に大人だ！

55

私《わたし》のエロ本隠《ほんかく》し場所《ばしょ》ソリューション

かなり前のことなので時効だと思うのですが、学生のころ、犬の散歩に行ってきますと言っては、草むらを探索し、落ちているERO本を持って帰ることを日課としていました。ただ、元来気が弱い私は、服の中に隠して家に帰り、なんらかの理由で母に見つかりでもしたら、**命はない、死だ。**と思っていました。

そこで私は、いつも帰る前に、ERO本を**思いっ切り自分の家の屋根の上に投げ**、家族が寝静まったころを見計らって、2階の僕の部屋から雨樋《あまどい》を伝って屋根の上に登頂。ブツを回収して、**部屋の中で絶頂。**という方法をとっていました。

ある日も、プチフリークライミング気分でERO屋根登頂に挑戦するも、慢心からか、足を踏み外し、**屋根から落下。**幸いケガはなかったものの、大きな物音で親が気づいてしまいました。どうしたんだ、なんで屋根に登ろうとしたんだという両親に対して、困った私は、**「ほ、星が見たくて」**の一点張り。明らかに疑われていましたが、星が見たくて、星が見たくてと繰り返し、事なきを得ました。

その後、ネットの時代が来たこともあり、屋根を登るような危険で「低み」な行動をすることもなくなりました。

（イェンスカイ）

宇多丸　これは「低み」というより、むしろ「高み」じゃないですか？　**位置的にも。**

古川　パッションを感じますしね。

宇多丸　低い人は、人格も低くなりがちですけど、この彼はとても健全ですよね。

古川　中高生はみんなこんなもんですよね。やや独創的かつ危険ってくらいで。

宇多丸　思春期のころは、これくらいトチ狂ったりしちゃうよね、ということであって。「低み」にありがちな、「は!?　何それ」とイラッとさせる感じはないですよね。たとえば「思春期のころエロ本を屋根に投げていたのがきっかけで、**いったん上に投げたエロ本でないと絶頂を迎えられなくなりました。**エロとしてのありがたみを感じられなくなったんです」とかなら。そこまでいけば……。

古川　それは「低み」じゃなくて、変態です。

56

AVはダブルタスクで見《み》ると体験《たいけん》が飛躍的《ひやくてき》に向上《こうじょう》する

テレビの2画面機能を使い、片方でAVを、もう片方でアイドルの卒業コンサート映像を流しながらオナニーをしています。感動に包まれるステージ、その隣で行われる激しいセックス、そして下半身丸出しの自分。

この三つが同時に存在することに興奮します。

（ラーメン三浪）

宇多丸　バカでしょ、この人。ひねりのない、ストレートな下ネタすぎますよ。こういうメールを平気で送ってくるというのが、低いということですね。しかも「同時に存在する」って、量子力学の高度な実験をしてるみたいな言い方すんな！っ て思いますね。

古川　さも観察者みたいな立場で語っているのもイラッとしますね。**全部おまえのセッティングやぞ**、と。

宇多丸　ＡＶと、アイドルの卒業コンサートと、おまえの下半身は、全部次元が違います。

57 できる男《おとこ》は童貞《どうてい》人脈《じんみゃく》を持《も》っている

大学生のころ、**性教育論**という講義がありました。これは、いろいろな文学作品などのセックス描写から、正しい性教育のあり方を模索するというものでした。

ある日、レポートの課題で**「周りの人間にセックス体験をインタビューする」**という課題が出ました。困ったことに当時バリバリのイケてない男子グループに属していた私でしたので、友達に性体験を教えてと聞いても、**「キツめのジーパンをノーパンではいて暴れると擦れて最高」**とか、「バスケでひたすらドリブルをしてると手の感覚がなくなる。その状態でいたすと、他人に手コキされているみたいになるのさ。魔法みたいだろ?」とか、**「ナイフでムスコをさするとスリルと冷たさでもうヤバイ」**などの話ばかり。

適当に話をでっちあげてもよかったのですが、セルフとはいえセックス体験ではあるし、提出さえすれば不可にはならないだろうと思い、友人たちのインタビューをそのままレポートに書きました。

すると、そのレポートを教授がまさかの大絶賛。本物のセックス体験を経ずに、**歪《ゆが》んだ性癖を育てる危険性に警鐘を鳴らす優れたレポート**だということで、僕のレポートはコピーされ、みんなに読まれ、翌年からも教材化することになりました。その後、大学の間はなぜか彼女ができませんでした。

教授に褒められたので「高み」かも？

（イェンスカイ）

宇多丸　「こういう人間にだけはなってはダメだ」っていう、**警鐘**だと。

古川　教授からは完全にクランケ扱いですからね。

宇多丸　「ナイフでムスコをさする」。これはもう救いようがなさそうだしね。ただ さ、手の感覚をなくしてヤるとかの、工夫の数々は、我々のころからもあるテクニックですからね。そういう創意工夫を忘れてしまう、真のバーチャルセックス世代が出現してしまうほうが、オレは危機だと思っていますけどね！

古川　そうですに～（しゃくれた感じで棒読み）。

宇多丸　古川さん、なんですか、その感じは？

古川　いやー、なんか、**真面目に聞かなくていいかな？**と思ってしまって。

宇多丸　古川さんの性根がドンドン低くなっていますよ。

58

親子《おやこ》関係《かんけい》はオープン・マインドで

僕の母は積極的に朝ドラや話題のドラマをチェックするタイプの人間なのですが、「あのヒロインが脱いだ」といった下世話なニュースを入手すると、決まって映画をよく見る僕に**「池脇千鶴の裸、どうだった？」「吉高由里子、エロい身体してた？」**と聞いてきます。

いまほどインターネットが盛んでなかったころは、「（見ていたとしても）まだ見てない」で通用していたものの、近年は検索一発で画像が出てくる時代、すぐ見つけて情報を共有しようとするので困ります。

便利になりすぎるのも問題だと痛感している次第です。

（フキボー）

古川　息子に対して、この会話の振り方はやめてもらいたいですね。

宇多丸　池脇千鶴さんは『そこのみにて光輝く』で脱いだからわりと最近だけど、吉高さんは『蛇にピアス』だから10年も前ですよ。しかも有名になる前のお宝映像的な感じもするし、**「そこまで掘ってるのか」**っていうのがイヤですよね。

古川　心底、母親とこういう会話はしたくないですね。

宇多丸　以前番組でやっていたコーナーの『ババァ、ノックしろよ！』でも繰り返し言ってきたけど、「とにかく親と性的な意識の共有とかしたくねえ！」っていうのは、子どもの発育にとって重大な話なんですよ。性的なことって、親の支配から離れて、初めて自分の責任とコントロール下でする通過儀礼なんですよ。そこに親が介入するのは、絶対にやってはいけないと、声を大にして言っておきますよ。

古川　ましてや、お宝ヌードの話なんてね。

宇多丸　一流女優のお宝ヌード程度だったらまだいいけど、これが**「〇〇がMUTEKIでAVデビューするんだって」**とかだったらもっとイヤでしょ！

古川　話題がビビッドすぎる。

宇多丸　**「今井メロはMUTEKI行ったんだって？」**とか。「MUTEKIから、今度はS1行くらしいよ」とかAVのレーベルの話までされたりなんかして。いまだったら**「エロVRはSODとKMPの双璧だね」**とかさ。

古川　そこまでいったらお母さん、ただのAVファンですよ。

59

パンツの中《なか》に挿《い》れるだけで夏《なつ》を100倍快適《ばいかいてき》に過《す》ごす方法《ほうほう》

もうすっかり夏真っ盛りといった感じですね。そうなると必要になってくるのは、拭いたところがスースーする、ギャツビーなどが出している汗拭きシートです。「低み」の身分のくせに自意識だけは過剰な私も、夏になるとこの汗拭きシートを使用してデオドラントしています。

汗拭きシートは、全身用、顔用と用途が分かれているのですが、もちろん私は用途に関係なく、ドラッグストアで、一番お得で一番スースーしそうなのを買い、顔から始まり、首筋、耳の中、腕、腹と、くまなく拭いていきます。

そして最後に私は、まだしっとりしていて、スースー成分が残っている汗拭きシートを、**パンツの中に挿入します（前側か後ろ側かは気分によりま**

す）。そうすると、股間からじわじわとスースーしてくるため、当分の間、発汗を抑えることができます。股間のあたりは太い血管が流れていそうなので案外、顔や首筋を拭くよりも効果があるのではないでしょうか。

実際、股間がスースーすると、いろいろな意味ですごく気持ちいいです。仕事中や移動中に、周りにまったく気づかれることなく、股間をスースーさせているという若干の背徳感で、**涼しさが増すような気がする**からです。

たまに、股間の汗拭きシートの存在をすっかり忘れた状態でトイレの大便器に座り、**カラカラになった元汗拭きシートがパンツから落ちてくる**ことがあります。

（メスブタミア文明）

宇多丸　汗拭きシートを挟んでおくんだから、パンツはしっかり締まっているボクサーパンツとか、ブリーフみたいなのをはいているってことですよね。

古川　トランクスじゃダメでしょうね。ふいに落下しないような形のパンツじゃないと。でも股間にというか、パンツにものを放り込む人って、結構いるんですね。このコーナーをやっていて初めて知ったことですけど。

宇多丸　[註]**パンツにあらゆるゴミを放り込んでいる人もいたし。**

古川　さしあたっての保管場所みたいになっていましたからね。

宇多丸　**４次元ポケットじゃないんだから**、って感じにね。

古川　この人は涼感を求めて股間に突っ込んでいるんだから、その意味では全然マシと言えるんじゃないでしょうか。でも、みんな結構、股間にいろいろなものを入れているんですかね？

宇多丸　意外と入れている人は多いと思う。**「盛り」**にもなるじゃん。

古川　なるほど。スケール感を出すためにですね。

宇多丸　「あら！　古川さん、スケールが大きい男なのね！」と思わせるための盛りですね。

古川　まあ、それがいちがいに好感につながるとは思えないですが。

宇多丸　でもさ、股間に湿ったシートを入れていたら、ズボンとかに湿り気が移って、おしっこ漏らしたみたいになりそうですけどね。

註：パンツにあらゆるゴミを放り込んでいる人
Ｐ１９２「ゴミ箱がないときはパンツが使える」を参照。

古川　股間が濡れたまま平然としている人がいたら、かなり気持ち悪いな。

宇多丸　でも、汗拭きシートを入れておくのは、理にはかなっているよね。股間が蒸れたりしたら、トイレの個室で**イナリのメンテナンス**をするくらいは別に普通じゃないですか。ライブ中は汗だくになるから、ぜひ試してみたいくらいですよ。

古川　明日も宇多丸さん、ライブじゃないですか。

宇多丸　そうそう。Ｊ－ＷＡＶＥライブがあるから、汗拭きシートを股間に入れて歌いますよ！

古川　**オーディエンスにとってのサプライズですね。**

60

トイレで歯《は》を磨《みが》くと
トイレ掃除《そうじ》をしている気分《きぶん》になり、
ちょっといいことした
気分《きぶん》になりますよ。

（暮らしのほっこり手帳）

古川　そんなことないでしょう。

宇多丸　文章が短歌みたいで味があるね。

61

「頭《あたま》がいい」と思《おも》わせる会話術《かいわじゅつ》

私が大学生3年生だったころの話です。

大学の授業がないときや授業の合間に、所属しているボランティアサークルの部室で時間を潰していました。

ある日の昼下がり、私はいつものとおり部室で時間を潰していたところ、「授業があるから、行くわ」と一人ひとりといなくなり、最終的に部室には私と後輩の女の子だけになりました。

その後輩の女の子は、サークル内でも一、二を争うほどかわいい女の子で、人気がありました。もえのあずきに似ていました。正直、私もかわいいと思っており、親しくなるきっかけがあればなと常々思っておりました。

そんな折に願ったりかなったりの状況で、私は「どうやってお近づきになろうか」と、ない頭を回転させました。そこで思いついたのが、本の話をすることでした。私が文学部でもあったので、ある程度話せるネタであり、「この人、頭いいかも！」と好印象を与えられるのではないかという、いま考えれば短絡的な考えでした。

私は、後輩の女の子にこう切り出しました。

「朝田ばななって知ってる？」

「知りません。有名なんですか？」

「『キッチン』とかで有名なんだけど〜」

そう私が言うと、彼女はおもむろにスマートフォンを取り出しました。どうやら**「朝田ばなな」**を調べているようでした。私はこの段階で、自分のした大きな過ちにまだ気づいていませんでした。過ちに気づいたのは、大学から帰る電車の中でした。**本当は「吉本ばなな」と言うべきでした。**しかし、私はなぜか無意識に**「朝田ばなな」**と言っていました。

ご存じの方も多いかと思いますが、**「朝田ばなな」は某元アイドルに似たAV女優です。**性欲旺盛だった当時の私は、連日連夜アイドルに似たAV女優が出ている作品を貪るように見ていました。ハマっていたのです。**検索を続ける彼女の画面には何が映っていたのでしょうか。**いまでは知る由もありません。

「先輩、こういうのが好きなんですか？」

「まぁね。作品が女性らしくて好きなんだ」

「はぁ……」

「『キッチン』はいいよ。私がこの世で一番好きな場所は台所だと思うって始まる作品なんだけど～」

「どういうことですか？」

「どういうことって……まあ、**家の中だったら台所がいい**ってことだよ。だから、タイトルが『キッチン』」

「ふ～ん……」

無意識にＡＶ女優の名前が出てきてしまった自分。好きな後輩の女の子に、ＡＶ女優の検索をさせてしまった自分。過ちに気づかず、したり顔で話している自分。**「低み」のトリプルアクセル**が決まったように思います。

この日以降、彼女とまともに話した記憶はありません。


（Ｒｉｐａｓｕ）

宇多丸　Ｒｉｐａｓｕさんが女性の後輩に見せたのは、この人ですね（パソコンに表示した朝田ばななさんの写真を見ながら）。大島優子さん似っていう感じですかね？　ちなみに番組ディレクターのミノワダ君は、日常的な「低み」行為として、**DMM.R18のサンプル動画を電車の中で、人の目に入らないように隠れて見ているそうですよ**（DMM.R18は2018年8月、FANZAに名称変更）。

古川　その行為だけは、本当に人間性を疑いますね。

宇多丸　オレも同感です。ミノワダ君、本当にやめたほうがいいと思うよ。マジで。

62

感謝《かんしゃ》を伝《つた》えるビジネスメールの書《か》き方《かた》

僕はお菓子屋さんで働いているパティシエです。なので、早朝から出勤し、帰りは遅いという生活をかれこれ6、7年過ごしています。そんな僕が菓子屋として働き出した1年目のことです。

早朝から満員の中央線に揺られて職場に向かっていると、途中から僕の目の前にハゲ散らかしたオヤジが、僕に背を向ける形で立っていました。そのハゲ散らかしたオヤジがおもむろに携帯を取り出し、メールを打ち始めたのです。当時はのぞき防止シートなどなかった時代。画面は丸見え。

興味本位でメールの内容をのぞいてみると、宛先は○○株式会社。「あぁ、仕事関係のメールか」と思って本文を見てみると、「先日は素晴らしい夜でした。昨夜はかの夜を思い出してしまい、**むずかる芯棒を抑えるのに、苦心いたしました。**」

いったい目の前で何が？　株式会社宛に？　むずかる芯棒？　混乱する頭を落ち着かせ、少し冷静に考えてみると、おそらく宛先は浮気がバレないためのフェイク。本文は「こないだのセックスが最高すぎて、**昨日思い出し勃起しちゃった！**　テヘペロッ！」というクソメールでした。早朝の満員電車でハゲ散らかしたオヤジに垣間見た「低み」でした。

（菓子屋のさわくん）

宇多丸　第一にさ、メールの宛先が「○○株式会社」っておかしいよね。普通メールって、「どっかの会社」の「担当のナントカさん」に送るもんじゃん。会社そのものに送るってことはないでしょ。それだけでフェイクである可能性がかなり高い。

古川　クオリティが低いフェイクですね。

宇多丸　宛先がフェイクだとしますよ。「○○株式会社」というのが、本当は「ミノワダさん」という個人だとして、おじさんが書いたメールはどういう意味なんでしょうね。ひょっとしたら、昭和のころの……風俗接待みたいな感じ？

古川　あぁ！　なるほど。

宇多丸　「高級ソープに連れて行っていただき、その節は」ってことだよね？　で、**「かの夜を思い出してしまい、むずがる芯棒」なわけよ。**

古川　そもそも、**「むずがる芯棒」**ってなんだよ。

宇多丸　ホントだよ。でもさ、もし風俗接待してもらった相手じゃなくて、メールの宛先がガールフレンドだったとしても、**「むずがる芯棒」**とは言わないよね。

古川　言わないでしょうね。考えれば考えるほど、謎多き文面ですよ。

宇多丸　**「むずがる芯棒」**ってフレーズを送っていいのは、男子校的な同級生だけでしょ。そういえば、オレ、この間、高校のやつらと久々に飲みましたよ。

古川　お、同窓会ですか？

宇多丸　同窓会じゃないです。仲がいいやつらで集まる、ただの忘年会です。クラスとか、**そんなのファックだから！**　同窓会なんて行くはずねーじゃん。

古川　なんですか？　急に激しい反応になって、ドギマギしましたよ。

宇多丸　要は男友達の、ウヒャヒャなノリ、ぐらいじゃないと、「芯棒」は許されないフレーズですよ。

古川　一夜を共にした当人に対して、普通言いませんからね。

宇多丸　そうですよね。ましてや**「芯棒」**って言っているの、ハゲ散らかしたオヤジだからね。

古川　ハゲはしょうがないって。

63

ロールプレイで感《かん》じる！ トイレ絶頂術《ぜっちょうじゅつ》・入門編《にゅうもんへん》

私は自宅のトイレを使用する際、憧れのアーティスト（異性）の曲をスマホで流し、用を足しながら**「〇〇さん、見ないでーーー！！！」**と絶叫することがあります。

ちなみに、大でも小でも関係なくやります（小の場合は、**「〇〇さん、〈小の音を〉聞かないでーーー！！！」**と少しアレンジをきかせます）。

調子のいいときは動画を見ながらやるときもあります。別にそういう性的嗜好《しこう》があるわけではないのですが、なんとなくたまにやってしまいます。

これは「低み」に入りますでしょうか？　自信がありませんが、よろしくお願いいたします。

ちなみに、以前、「出先で入ったトイレの紙でスマホの画面を拭く」という方がいらっしゃいましたが、私はいつもデパートや駅のトイレの紙で顔の脂を拭きます。あぶらとり紙を持ち歩かなくていいし、エコだと思います。

（海老も甲殻類）

宇多丸　「これは『低み』に入りますでしょうか？」って、**自信持っていいですよ！** めちゃめちゃ持ってくださいよ。はっきり言って、トップクラスで低い。

古川　「トイレの紙で顔を拭く」とかも書いてありましたけど、そんなこと自宅でやっていることに比べればなんでもないね。

宇多丸　この方は30歳ということですが、その年齢もなんかグッときますね。迷惑はかけてないし、マナー違反でもない、**まさに「低み」の鑑《かがみ》ですよ。**

古川　不潔ですらないですよね。

宇多丸　珍しく不潔じゃないね。大変素晴らしいです。ただ気になっているのは、「性的嗜好とは関係ない」って書いてあるけど、**でもどんな気持ちでやっているの？**

興奮はしているんでしょ。

古川　いや、性的じゃないけど興奮はしているってことなんじゃないですかね？

宇多丸　そういう性的嗜好が「普段から」あるわけじゃない、ってことじゃないの？　だって、「〇〇さん、見ないでーーーー！！」って言葉は、あからさまに性的じゃないですか。

古川　僕は性的というよりも、オモシロだと思いますけどね。エンターテインメントなんですよ、きっと。

宇多丸　とはいえ、**「ジュン……」**としちゃってるんじゃないの？

古川　いや、してないでしょ。

宇多丸　マジか。

古川　してないよ。絶対に性とは関係ない。

宇多丸　そうなの？

古川　**ファインだよ**、もっと。

宇多丸　ファインって何？　**ファインアートのこと？**

古川　そうそう、ファインアートの域なんですよ。

宇多丸　ファインアートか……いや、アートではないじゃん。ファインアートみたいな意味で言う、ファイン……プレイ？　**ファインプレイ？**

古川　それだ!!　**ファインプレイ！**　そんな感じなんですよ。

宇多丸　純、プレイ。純プレイですかね。

古川　間違いありません。

宇多丸　マジか〜。ちょっとこれ、オレもやってみようかなー。

二人　**「見ないでーーーー!!!」**

宇多丸　……ちょっとこれは一回お話を伺ってみたいですね。

古川　**名前のついてない変態**ですよね。こんなことやっているのに**「自信がありませんが」**とか言っているところもすごいですよね。

宇多丸　ね。海老も甲殻類さん、あなたはおかしいですよ。胸張って、変態として生きたほうがいい。

64

ロールプレイで感《かん》じる！ トイレ絶頂術《ぜっちょうじゅつ》・実践編《じっせんへん》

以前の放送で「トイレで憧れのアーティスト（異性）の曲をかけ、用を足しながら『○○さん、見ないでー！！！』と叫ぶ」というエピソードを読んでいただき、ありがとうございました。

正直、採用されると思っていませんでしたし、**みんなしていることだと思っていた**ので、あれほど笑っていただけて恥ずかしい気持ちとうれしい気持ちが半々です。

最近は「○○さん、見ないでー！！！」と叫ぶことが少しマンネリ化してしまい、変化をつけるようにしています。

3回に1回は**「○○さん、こんな私でごめんねー！！！」**と叫んでみたり、お風呂のとき、四つん這《ば》いになって**「○○さん、こんな変態でごめん**

ねー!!!」と謝ってみたりしています。

でもやはり、いまのところ、一番しっくりくるのは、トイレで「○○さん、見ないでー!!!(〈小の音を〉聞かないでー!!!)」と絶叫することです。

叫ぶ理由は自分でもよくわからないのですが、性的な興奮はなく、おふたりがおっしゃっていた「ファインプレイ」という表現が一番しっくりくる気がします。

(海老も甲殻類)

しまお　生粋の変態ですね。

宇多丸　この人は性的なニュアンスはないって言っているけど、どう考えたって、四つん這いになって「○○さん、こんな変態でごめんねー!!!」と叫ぶって性的だよね。

大知　だって、セリフが完全に性的ですからね。

宇多丸　大知君のファンの中にも、ひょっとすると「見ないでー！！！」って叫びながら、おしっこしている方もいるかもしれませんよ。

大知　いるのかな……。「こんな私でごめんねー！！！」はしっくりこないけど、「〇〇さん、見ないでー！！！」はしっくりくるという感覚も全然わからないなぁ。

しまお　わたしは曲を聴きながら、というのがちょっと腑に落ちない。映像なら、まだわかるんですけど。

大知　曲なんですもんね。

しまお　見ながら歌手が歌っているっていう想定なのかな？

宇多丸　人がおしっこしているところを見ながら歌う？　**ありえないでしょ！**

大知　同じ歌手でも、曲は変えたりもするのかな？

宇多丸　おしっこに合う曲、合わない曲があったりね。

大知　なんであっても、**僕は人がおしっこしている前では歌いたくないなぁ……。**

65

ガールフレンドとナイトライフを過《す》ごす前《まえ》に気《き》をつけたい、たったひとつのこと

以前、トイレットペーパーにツバをつけてケツを拭いている人がいましたが、僕も昔、トイレットペーパーを水道水で湿らせて拭いていました。ある日、彼女と旅行に行き、部屋についている露天風呂に入ったあと、いつものようにSEXしようとしたときの話です。いつものようにアナルを舐めてもらおうとしたところ、彼女がなかなか舐めてくれません。そう、**ケツ毛に、濡れたトイレットペーパー**がダマになって超ついていたのです。真顔で**「これは無理」**と言われました。

（もうすぐ子供が生まれる）

しまお　「低み」らしい、いいエピソードじゃないですか？
宇多丸　全然許容範囲ってこと？
しまお　許容範囲かと言われると困るけど……。この人は露天風呂に入ったのに、お尻についていたトイレットペーパーを洗い切れてなかったってことですよね？
宇多丸　でしょうね。だから嫌いなんですよ、露天風呂って。こういうケツに**トイレットペーパーのダマ**をつけたやつが入ってんでしょ。ヤダヤダ！
しまお　でも、お風呂に入ったら真っ先にお尻を洗いますよね。
宇多丸　要するに、この人は、風呂は湯船に浸かれば、**勝手に全身きれいになるだろう精神**ってことなんですよ。でも風呂に浸かるよりも、ウォシュレットだけのほうが何倍もきれいになるんですよ。ウォシュレットはもう、完全にまっさらに、しかも紙じゃ拭けないレベルまできれいになるからね。
しまお　でも、あんまりきれいにしすぎると、粘膜の耐性がさ。
宇多丸　よく言うけどさ。そんくらいじゃ死なない、死なない。
しまお　そう？　それ言ったら、汚くたって死なないよ。

古川　死ぬ、死なないって言い出したら、汚くたって、きれいだって死なないって話になるよ。

しまお　この方は、ちゃんと洗うべきでしたよね、ダマを。だって、いつものようにコトをいたすっていうんなら、ちゃんと清潔にするのがマナーですもん。

宇多丸　ちなみにラジオネームが「もうすぐ子供が生まれる」とのことなんですけど、そのお子さんは、ウォシュレットのダマがついたときに授かった子どもなんですかね。お父さん、お母さんの昔のエピソードをいつか知ってほしいね。

しまお　本を図書館とかで、うっかり見つけてほしいですね。

66

お風呂場《ふろば》の寒《さむ》さを簡単《かんたん》に解消《かいしょう》する方法《ほうほう》

僕は毎朝シャワーを浴びます。夏はそうでもないのですが、冬はシャワーの水が温まるまでの時間が辛いです。そこで、自分の足に**おしっこをかけて寒さをしのいでいます。**太ももにかけるとより効果的です。もちろん、そのあと、石鹸でしっかり洗うので衛生的です。

（ラーメン三浪）

しまお　ダイビングをやっている人なんかは、海で体温が下がったとき、おしっこで身体を温めるっていいますもんね。

宇多丸 それは生命のギリギリのラインでしょ。

しまお 宇多丸さんは**冬のお風呂場を舐めてますよ。**あの寒さったら、死んじゃいそうになりますからね。

宇多丸 そんだけ寒いなら、お湯が出て風呂場が温まってから、服を脱いで入ればいいじゃん。

しまお やっぱ、まず脱ぎたいんですよ、きっと。それにシャワー浴びるときに、ワンクッション挟むのは面倒だし。**まあ、おしっこでいいんじゃない?**

宇多丸 よくないよ……。

第四章　対ウン・テロ戦争

温泉の危険性

古川　宇多丸さんは鍋が嫌いって言ってたじゃないですか（P66）。

宇多丸　鍋は嫌いじゃないよ。つつき合う相手によっては衛生面が気になるだけで、**鍋そのものは、むしろ大好物だよ！**

古川　じゃあ、お風呂はどうなんですか？　温泉とか。肛門周りにトイレットペーパーがついたまま温泉に入った人がいましたけど（P241）、そういう人も結構な割合で入浴してるはずじゃないですか。

宇多丸　温泉はね……**正直、現実を見ないようにしてる。**

古川　気にし始めるとそこは気になってしまうから、ってこと？

宇多丸　まさしくそう。温泉に行ったら潔癖スイッチを切る。「もうこうなったらしょうがない」って。せっかく温泉まで来たら入らないほうが損だと考えると、わりと簡単に潔癖スイッチが切れちゃうんだよね。

古川　それは都合がいいな。

宇多丸　というか、そうしないと生きていけないからね。中学と高校時代、剣道の授業があったんだけど、夏場の籠《こ》手《て》なんて、汗と垢でグッチャグチャな沼みたいになってたんだけど、着けないと練習できないから仕方なく手を突っ込んでた。

古川　これまでの宇多丸さんの話を知ったうえで聞くと、さぞかし辛かっただろうと胸が痛みますね。

宇多丸　そういえば、大学時代、温泉巡りをしたことがあったんですよ。大学のサークルでスキー合宿に行ったとき、みんなはゲレンデに行ったんだけど、オレは滑る気になれなかったから、近場の温泉を巡ったのね。

古川　風流な大学生ですね。

宇多丸　そんなことないよ。旅館のゲーセンに飽きただけだから。それで、町営温泉みたいなタダで入れるようなところに行ったのね。施設自体、全体的に薄汚れていて、イヤな予感がするな……と思って町のジジイたちがひしめき合う湯船に向かったら、**風呂の上に白いカスが大量に浮いてた**のよ。「最悪だ……ジジイどものカスとか皮膚が浮いてんのかよ……」と思ったけど、そこはもう潔癖スイッチ切ってるから、とりあえず普通に入ってきたのよ。で、宿に戻ってサークルの後輩に「ジジイの剥けた皮が浮いてる温泉があったんだよ！」って話したらさ、**「それ、湯の花じゃないですかね」**って言われて。オレ、そのとき初めて、湯の花ってものを知ったよ。

古川　仮にジジイの皮膚だったら、温泉の酸でどんだけ溶けてるんだってレベルだよ。

ウォシュレットは果たして清潔なのか

古川　つばウォシュレット実践者からの投稿も大量に来ました（P202）。僕は最初、**ウォシュレットを警戒してた派**だったんで、する派の人は衛生観念がしっかりした意識が高い人たちだといまだに思ってるフシがあるんですよ。だから、つばウォシュレットをする人たちは、意識が高いんだか低いんだかがわからなくて、ものすごく混乱する。

宇多丸　ウォシュレット絶対イヤだ派もいるけど、ミノワダくんはどっち？

ミノワダ　僕は絶対します派ですね。外でもウォシュレットがないとそこには入らないレベルです。

宇多丸　そうなんだ。オレは正直、その件に関しては**せめぎ合っている。**家だったら別にいいけど、外のウォシュレットは不潔感がありますよ。

古川　えー？　ウォシュレットから噴射されて尻に当たった水が滴り落ちて、噴射口に付着してそう、ということ？

宇多丸　用心するのは噴射口だけじゃないよ。ウォシュレットの水圧が強いと、便器に反射した水もかかるからね。跳弾ならぬ**跳ウン**に尻が晒《さら》されるわけよ。

　要するに、不特定多数のエキスが混ざっているとも限らない水を、人間の身体で最もデリケートな場所にぶつけるわけだからね。ただ、ウォシュレット自体が不潔かもしれないってことは認識しているけど、汚いケツはもっと不潔だから使ってる。だからオレは**「それでもウォシュレットしよう派」**なんですよ。

古川　でもさ、ウォシュレットって水の噴射の勢いも強いし、数分間当てているんだから、気にするほど**他人のウンリスク**はないのでは？

宇多丸　それは**甘く見すぎ！**　家のウォシュレット掃除したことある？　ちょっと放っておくだけで、かなり汚れてるからね。

古川　マジ!?　いますぐ家帰って掃除したいんだけど。

ミノワダ　たとえそうであっても気にしないけどなぁ。**清潔云々じゃなくてウォシュレットを当てること自体が好きですから。**好きなあまり、当てすぎて切れ痔《じ》になりかけたもん。

宇多丸　友人のコンバットRECも結婚して引っ越して、はじめてウォシュレットを使ったとき、**「新しいエンターテインメントだ！」**って言ってたな。

あと、依存性ね。ウォシュレットの洗浄力を一度目の当たりにすると、もう後戻りできないじゃん。ダウンタウンの松本人志さんが尻を拭く話をしてて、**「一回拭く→ついている、2回目拭く→まだついてる、3回目→まだついてるけど、もういいや」**って。ウォシュレット以前はそうならざるを得ないじゃん。いくら頑張っても完璧にはならないし、完璧を目指そうとすると、ゴシゴシ擦りすぎてお尻を切っちゃったり。その点ウォシュレットは当てれば、ほぼ完全にクリアになりますからね。初めて使ったときは、**いままでオレはウンコを尻につけたまま歩いていたのか！**ってゾッとしたよ。

古川　使わない派の意見に多少の説得力があったとしても、どう考えたって使ったほうがメリット多いからね。

宇多丸　でもさ。ウォシュレットから出てくる水もイヤな感じしない？　というか、トイレにある水全般がイヤなんですよ。便器の水のイメージに引っ張られて。

古川　まあ、言わんとすることはわかる。

宇多丸　ウォシュレットを使ってるときも便槽の水を尻に当ててる感じがしちゃうっていうか。

古川　とはいえ、比べるべきは便槽の水じゃなくて、便器の上から出てくる手洗い水だよ。あれが一番、存在として近いでしょ。

宇多丸　トイレの水がイヤなのは、ウン粒子が含まれている感じがするからじゃない？　ならさ、むしろ一番汚いのは自分ってことになるじゃん。だってウォシュレット使わずに、ずーっと尻に**ウンコつけて街中歩いて、ウン粒子をまき散らしてるわけじゃん。いわば、ウン・テロリストだよ！**

SPECIAL THANKS TO HIKUMI PEOPLE

ページ数の都合で本書には収録することはかないませんでしたが、「タマフル」ではさらに多くの「低み」をいただきました。「低み」界の先人たちに敬意を表して、お名前のみですが紹介します。

働く方のモモ、ふり子、カヌー高田、マンセル。、たんば・りん、水曜日のオーディン、タニー・トニ、永遠と書いてとわと読む、のしたか、ガーハー、ロイ飯田、とても落ち着かない、つばめひこうき、サメ肌の心、財団 EX、しゃくれ犬、パパンぱん、素人ナンパ５時間、えがわ、ぴー、飛べない豚キング、ニコール・キッコーマン、すんすけ、ティースウェット、レンコン太郎（順不同・敬称略）

最終章　低くなる勇気

孔子すら低い

宇多丸　最後に結論として「低み」という概念を定義づけたいんだよね。
　深く考えてみると、低みという概念は、意外と狭いポイントを指している言葉だと思うんだよ。好き勝手に低いことをしだすと、すぐにマナー違反だったり、他人の迷惑になっちゃったりするじゃん。**アウトとセーフが完全に重なり合ってできるボーダーラインこそが低み**ってことなんだと思うんですよ。

古川　ボツになった投稿を読んでいると、**いとも簡単に低みから逸脱**してしまっていますからね。なんらかの軽犯罪に触れていたり、明らかに迷惑をかけていたり。

宇多丸　そうだよね。思うんだけど、低みを貫いて生き抜くことは、意外と簡単じゃねえぞってことなんですよ。むしろ、低みだったら立派なもんだと胸を張っていい！　どいつもこいつも、犯罪だとか、低みよりもずっと悪いことをしてしまいがちですから。
　オレに言わせりゃ、孔子すら低いからね。アイツは「七十にして心の欲するところに従えども矩《のり》をこえず」とか言ってるの。ざっくり言うと、**「オレはもう欲望の赴くままに行動しても法律を超えないぜ」**っていう意味なわけ。それを中学の漢文の授業で聞いたとき、「低いなぁ」って思ったわけですよ。「欲望のまま行動しても法律とか全然犯さないんで！」って、孔子は何をどういうふうに自慢してんだ？って。そこ、自慢するところじゃないじゃん。孔子がもう低いわけだから、低みくらいだったらもう、立派なもんですよ。**君子、君子！**

古川　あと、低みって結構人柄も重要じゃないですか？　威張り散らしたり態度がやたらとデカいのって、マナー違反とも言い切れないし、法律違反でもないけど、やっぱ低みとは違いますよね。

宇多丸　感じが悪くなると、とたんに低みじゃなくなるよね。

古川　行動には「うっ、気持ち悪い」って思わせる部分はあるけれど、**不快になりすぎないかわいげ**みたいなものが、低みにおいては重要だと思う。

宇多丸　あと低みは、どこまでいっても他者に積極的なエフェクトを与えるような行為じゃないよね。誰かが「それは低い」と指摘さえしなければ、他人も気がつかない程度の、あくまで自己完結した何かである。

だからそう、案外、**自己完結**なんだよな。自己完結してないと低みじゃないよ。だから他人に暴言浴びせるとかはもう論外で。

古川　低みの起源となった、ミノワダくんとヤマゾエくんのエピソードにしたって、ふたりで自己完結してますからね。僕という観察者がいなければ、スープを与えるという低みは、気がつかれず日常に溶け込んでしまっていたわけじゃないですか。

宇多丸　自己完結ないしは内部で完結してる、というのは低みの条件だね。たとえば、「寮で先輩が洗面台にためた水を使い回して使っていて、しかも顔を洗ったりしたあとの水を片づけない」ってエピソードがあるじゃないですか（P161）。この場面において、もし他人が誤って先輩が使ったあとの水を使用してしまったら、その瞬間に、「てめぇ！　どうして汚い水を置きっぱなしにしてんだ！」って大モメになるからね。でも、その先輩が一人暮らしの家に住んでる限りは、どれだけタライの顔洗い水を使い回してたっていいわけだから。

古川　自己完結の「自己」はひとりじゃない場合もあると。5人でも10人でも、その中だけで承認されて回ってるなら、そこには**「低みサークル」**ができあがってると言えますから。たとえば僕の実家では、**黒いタンクトップを家族全員で共有してたんですよ。**

宇多丸　低っく！

古川　タンクトップだけじゃなく、パンツも共有でしたよ。さすがにパンツは男チームの間だけでしたけど。

宇多丸　それでも十分低いよ。というか逆にタンクトップは性別超えてシェアしていいんだ。

古川　黒いタンクトップだから、そんな性別とか関係ないでしょ。誰も文句言ってなかったし、つまりそこには美しいサークルができあがっていたんですよ。

「低み」の定義

宇多丸　「ムスコをナイフでさする」（P215）とかは自己完結の極みだよね。しかも「こういう変態プレイしてるんだぜ〜」って吹聴《ふいちょう》してるわけじゃなく、「大学のレポートで必要だから聞かせて」って言われたから答えたって点もポイントが高い。聞きたくもない下ネタを人に聞かせたりするのは、言うまでもなくセクハラですからね。

だからそうだ、低みを徹底するために「もたず、つくらず、もちこませず」みたいな**「低み三原則」**をつくろうよ。

まずは、**「法律に反してないこと」**。そして、**「自己完結していること」**。というか、「自己完結していること」だけでかなり言い表せてるよね。でもそうすると、低みならではのイヤ〜な感じというか、ダメ感が表現できてないなぁ……**「見る人が見ればデリカシー不足、もしくは衛生観念に反している行為」**とかかな？

ミノワダ　要は**「いいんじゃない？　オレは絶対やらないけどね！」**ってことですよね。

宇多丸　そう！　「まぁ、いいんじゃない？」精神は超重要。「この低みは生理的に無理だ」って思うものがないわけではない。だけど、それを暴力を使ってでもやめさせろと言ってはいけないんだよね。仮に低みが必要以上に責められる世の中になったら、それこそ日本社会も危険な状況ですよ。**低みを目の当たりにした側も「まぁ、いいんだけどさぁ」くらいにとどめないと。**

ミノワダ　そうそう。**低みが低み以上の何かになったとき、人々の心の闇が深まってる証拠かもしれませんね。**誰かが低いことをしたとしても、「ハハハ！　何してんだよ！」って笑えてる状況が健全な社会なんですよ。

宇多丸　おお！　無理して立派なことを言おうとしてるだけかと思いきや、普通にいいこと言うじゃん！

古川　「いいけどさぁ」精神は、他者と共生するときに大事な態度ですよね。「ドン引きだよ！」と思う行動を目の当たりにしても、「いいけどさぁ」でとどめておく。「ふざけんな！　それ、やめろよ！」みたいに実力行使をしないほうが、結果としてみんなが暮らしやすい社会になりますよ。

宇多丸　逆に言えば、**低むほう**も、「いいけどさぁ」程度の低さにとどめておかないとってことですよ。とはいえ、それが難しいんだけどね。

ともあれ、我々なりに考えてみた低みの定義、こんな感じでどうでしょうか。

3人　やったー！

低み【ひく・み】

他者に不快感を与える可能性があるが、法律を遵守し、自己完結しているため、具体的な問題は起こらない行為、もしくは考え方のこと。

低《ひく》みを覗《のぞ》き込《こ》むとき低《ひく》みもまたこちら側《がわ》を覗《のぞ》き込《こ》んでいるのだ

あとがき
宇多丸

「この小説だけは映画にしたくなかった」というのは1979年に横溝正史《せいし》原作の『悪魔が来りて笛を吹く』が映画化された際の有名な宣伝コピーですが、それに倣うなら、僕の今の気分はさしずめ、**「このコーナーだけは本にしたくなかった」**といったところでしょうか。間違いなく、これまで自分が関わってきた出版物のなかでも、ぶっちぎりにくだらない一冊が出来てしまいました。

しかし、当初は「あんまり盛り上がらなかったらすぐやめればいいか」くらいの**期待値最低ライン**でスタートしたこの企画、実際にやってみると、放送上では僕がつい噴き出してしまってまともに読み進められないこともしばしばだったくらい、不思議と琴線に触れる投稿が途切れなかったのも事実。結局、一年以上続く密かな人気コーナーとなっていったわけですから、世の中、何がどうなるかわからない。僕自身、映画『ナイスガイズ！』におけるライアン・ゴズリングの奇声芸を模した（つもりの）「低みッ！」というタイトルコールから、いつもその場の思いつきで無責任にデフォルメしてゆく口上まで、毎週ひたすらハイテンションで駆け抜けていたあの頃が、今となってはひどく懐かしい……気がしなくもない。

恐ろしいのは、ゲラゲラ笑いながらメールに突っ込みを入れつつ、そのエピソードの何がそこまで「低み」を感じさせるのか、を分析しているうちに、時おり、思わぬ角度から、自分自身が無意識に抱えているまた別の「低み」が露《あら》わになってしまう瞬間も多々ある、ということです。ニーチェ風に言えば、「低みを覗き込むとき、低みもまたこちら側を覗き込んでいるのだ」とでもいうような……そんな立派なもんじゃねぇか、やっぱ。

ともあれ、確実にある種のリスキーさを含むこんな「新概念」の単行本化に手を挙げてくださった勇気ある編集者、秋山直斗さんと、番組ゲストとして快く巻き込まれてくださった三浦大知くん、しまおまほさん、そしてもちろん、放送で取り上げられなかった／本書に掲載できなかった分も含めて、当コーナーに投稿してくださったすべてのリスナーの皆さんに、心から感謝いたします。


あんたらみんな、最っ高に、低いよっ！（褒めてます）

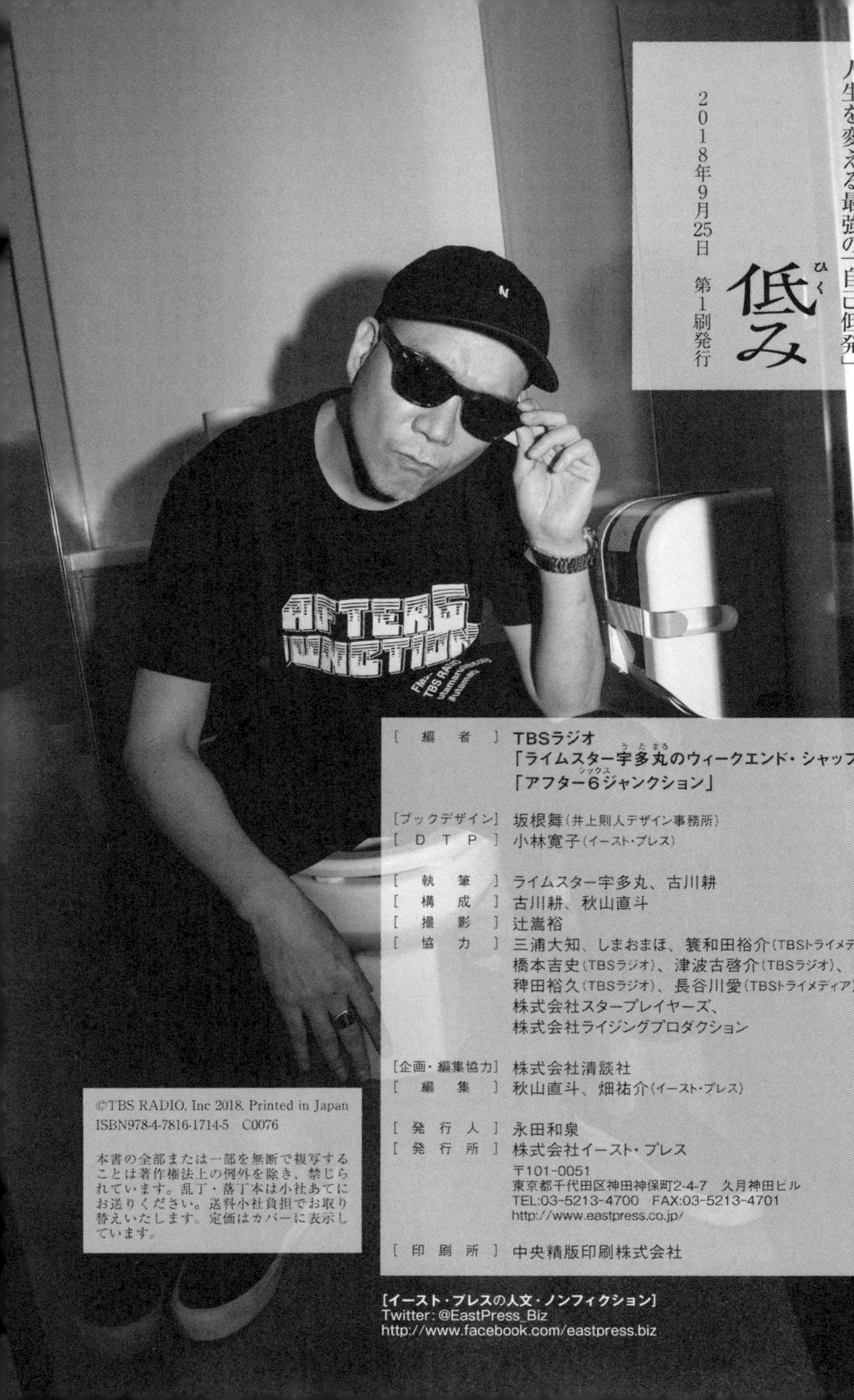

ライムスター宇多丸《うたまる》も唸《うな》った
人生《じんせい》を変《か》える最強《さいきょう》の「自己低発《じこていはつ》」

低《ひく》み

2018年9月25日　第1刷発行

［編　　者］TBSラジオ
「ライムスター宇多丸《うたまる》のウィークエンド・シャッフル」＆
「アフター6《シックス》ジャンクション」

［ブックデザイン］坂根舞（井上則人デザイン事務所）
［D　T　P］小林寛子（イースト・プレス）

［執　　筆］ライムスター宇多丸、古川耕
［構　　成］古川耕、秋山直斗
［撮　　影］辻嵩裕
［協　　力］三浦大知、しまおまほ、簑和田裕介（TBSトライメディア）、
橋本吉史（TBSラジオ）、津波古啓介（TBSラジオ）、
稗田裕久（TBSラジオ）、長谷川愛（TBSトライメディア）、
株式会社スタープレイヤーズ、
株式会社ライジングプロダクション

［企画・編集協力］株式会社清談社
［編　　集］秋山直斗、畑祐介（イースト・プレス）

［発　行　人］永田和泉
［発　行　所］株式会社イースト・プレス
〒101-0051
東京都千代田区神田神保町2-4-7　久月神田ビル
TEL:03-5213-4700　FAX:03-5213-4701
http://www.eastpress.co.jp/

［印　刷　所］中央精版印刷株式会社

ISBN978-4-7816-1714-5　C0076

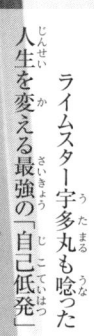